KB131963

내가 살인자의
마음을 읽는 이유

―

이 책에 등장하는 몇 개의 이론들은 도서 『사회심리학』(로버트 치알디니 외, 김아영 역, 웅 진지식하우스, 2020)을 참조하여 쉽게 이해되도록 설명하였다.

모두가 안전한 세상을 위한 권일용의 범죄심리 수업

내가 살인자의
마음을 읽는 이유

권일용 지음

21세기북스

들어가며

최근 방송을 보면 범죄에 관한 이야기를 다루는 내용의 프로그램들이 넘쳐나고 있다. 이렇게 범죄가 대중의 관심을 끄는 이유는 무엇일까? 단순히 범죄에 관한 이야기가 흥미롭거나 범죄자들의 심리가 궁금해서만은 아닐 것이다. 어쩌면 나와 전혀 상관없다고 생각했던 '범죄'가 이제는 내 삶에까지 은밀하게 다가와 있다는 일종의 두려움도 범죄 관련 프로그램이 많아진 이유 중 하나가 아닐까 생각한다.

아동을 잔혹하게 학대하고 살해하는 사건이나 성범죄 사건들이 여전히 빈번하게 발생하고 있고, 강도와 절도 사건 등은 이 순간에도 끊임없이 발생하고 있다. 그런데 우리가 한 가지 주의 깊게 살펴봐야 할 것은 자신의 개인적인 분노나 알 수 없는 감정을 불특정 다수에게 마구 표출하는 연쇄살인이 2009년 강호순을 검거한 이후로 나타나지 않고 있다는 점이다. 연쇄살인범은 모두 어디로 사라졌을까?

퇴직하기 전 프로파일로서 범죄를 분석하면서, 한 건의 범죄 사건으로 체포된 범죄자이지만 그가 연쇄성을 가진 자라는 것을 확인할 만한 단서들을 발견할 때가 많았다. 옛날 같았다면 그들은 충분히 연쇄 범죄를 저질렀을 것이다. 그러나 우리 사회에 점차 다양한 안전 시스템이 구축되고 국민 의식이 높아지면서 그들이 연쇄적으로 범죄를 저지르기 전에 체포되다 보니 연쇄 범죄가 줄어든 것처럼 보이는 것이다. 그런 만큼 이제는 범죄의 양형 기준도 바뀌어야 한다는 생각이다. 그러나 과연 '범죄 의도를 가진 자들이 체포되는 게 두려워 스스로를 통제하며 범죄를 멈추고 있는 것일까?'에 대한 의문은 또 다른 불안을 양상하기도 한다.

그렇다면 우리가 살고 있는 2022년 현재 일어나고 있는 범죄는 어떤 모습일까? 밤늦게 일하고 퇴근하는 여성들을 길거리에서 마구 공격하거나 다세대가 사는 주택에 침입해 끔찍한 살인과 방화를 저지르던 범죄자들이 이제는 온라인상으로 공간을 옮겨 그에 못지않게 끔찍한 범죄를 저지르고 있다. 보이스피싱, 가스라이팅, 그루밍 성착취, 온라인 도박, 동물 학대 영상 공유 등과 같은 범죄들은 그야말로 범죄자들의 실체를 알 수 없는 상황에서 많은 사람들이 엄청난 피해를 당하고 있다.

이 책에서는 그와 같은 범죄의 실체에 접근하기 위해 심리학과 사회학의 여러 연구와 이론들을 바탕으로 범죄심리를 해석하려 노력했다. 총 네 번의 강연을 하고 그 강연 내용을 정리해 수정하고 보완하는 형식으로 책을 만들다 보니 구성과 문체가 다소 거칠고 매끄럽지 않은 부분들도 있다. 어둡고 무거운 범죄 이야기와 범죄심리들을 독자들이 조금이라도 편하게 읽고 공감할 수 있기를 바라는 마음에서 굳이 학문서적의 형식을 빌려 정제하지는 않았다. 이 책에서 던진 화두가 보다 확대된 연구로 이어지고 우리 사회 범죄를 예방하는 논의를 이끌어낼 수 있기를 바랄 뿐이다.

　이제 범죄는 우리의 삶 가까이 다가와 있다. 우리 모두가 함께 대처하지 않는다면 누구라도 피해 대상에서 예외일 수 없다. 그리고 충분히 선량한 우리 대다수는 '악'을 이겨낼 수 있을 거라고 믿는다.

2022년 6월
권일용

차
례

2강 악의 마음을 읽으면 범죄를 억제할 수 있다
범죄자들의 심리를 간파하고 범죄를 예방하는 눈 기르기

3강 현대 사회에 펼쳐지는 기묘한 악인전
오늘날 업데이트되는 범죄의 형태

4강 빅데이터와 AI, 프로파일링의 미래
혼란의 시대, 범죄 대처법도 바뀌어야 한다

범죄, 남의 일이
나의 일이 되는 순간

우리 시대에 반드시 알아야 할 범죄심리 지식

—

현대 사회의 범죄는 교묘하게 진화를 거듭하며
마치 아무 일도 아닌 것처럼
우리 삶 깊이 스며들어와 있다.
이것은 우리 사회와 일상이
매우 위험한 상황에 놓여 있다는 신호다.

일상은 어떻게
범죄 현장이 되었나

조폭과의 전쟁
그리고 프로파일러의 등장

잔혹하고 끔찍한 사건들을 되짚어보는 것은 마음이 무겁고 힘든 일이다. 그러나 범죄심리를 분석하기 위해서는 필연적으로 범죄 사건을 낱낱이 살펴볼 수밖에 없으며, 누군가는 반드시 그 역할을 해야만 한다. 이러한 과정을 통해 우리 사회에서 발생하는 범죄 행위를 조금이라도 줄일 수 있다면 그것으로도 충분히 가치 있는 일이라고 생각한다. 프로파일러의 역할과 본질적 존재 이유도 바로 거기 있을 것이다.

오늘날 우리가 각종 매체를 통해 보고 듣는 많은 범죄들은 이제 더 이상 남의 일만이 아니다. 범죄는 이미 우리 삶 가까이에 다가와 있다. 자신의 의지와 상관없이 이러한 범죄 상황에 노출될 수 있다는 두려움은 많은 사람들의 생각과 행동을 위축시킨다. 실제 사건 현장에서 내가 직접 경험한 이야기들을 여러 독자들과 공유하려는 것 또한 그런 이유에서다. 범죄 상황과 범죄심리를 이해하면 우리의 일상을 위축시키는 두려운 범죄를 어떻게 예방하고 대처할 수 있을지에 대해 좀 더 현실적으로 고민할 수 있기 때문이다.

프로파일러^{profiler}의 한국 경찰 공식 명칭은 '범죄행동분석관'이다. 용의자의 범죄 행동을 분석해 범행의 동기와 목적을 밝히고, 용의자 군^群을 압축해 수사 대상자를 선정하는 역할을 한다. 또한 용의자가 체포되면 전략적인 신문^{interrogation}을 할 수 있도록 심리 분석을 지원한다. 주로 증거가 불충분해서 일반적인 수사 기법으로는 해결하기 어려운 연쇄살인과 같은 특정 범죄 사건에 투입된다.

그런데 언젠가부터 우리 사회에서 이러한 프로파일러의 역할이 두드러지기 시작했다. 한 사회에 프로파일러의 등장이 이렇게 전면에 그리고 빈번하게 나타나고 있다는 것은 그 사회가 매우 어두워졌다는 것을 의미한다. 그렇기 때문에 이러한 현상이 결코 달가운 것은 아니다.

기존의 한국 사회에서 일어난 범죄의 유형은 1980년대 후반 이춘재 사건이 일어나기 전까지는 대부분 뚜렷한 범죄 동기를 가지고 있었다. 그래서 인기 드라마였던 〈수사반장〉에서처럼 수사팀이 출동하면 웬만한 사건은 곧 범인을 검거해 해결하는 것이 그 당시 한국 사회의 모습이었다. 그만큼 범죄의 동기화 과정이 지금처럼 복잡하지 않았으며, 범행의 동기가 단순하고 뚜렷했다.

물론 어떤 범죄도 정당화될 수는 없지만 그 당시의 범죄 동기는 대부분 쌀, 연탄 등 생존을 위한 절도가 많았고, 치정이나 원한 등 가해자와 피해자의 이해관계에서 비롯되었다는 뚜렷한 동기를 가지고 있었다. 그렇다 보니 동기가 불분명한 살해나 잔혹한 범죄들이 발생하는 경우는 극히 드물었다는 것이 그 시기의 특징이다.

그러나 1990년대에 들어서면서 우리 사회에 지존파, 막가파, 온보현 등 조직적으로 공범을 형성해 저지르는 계획적 범죄가 등장하기 시작했다. 이러한 변화는 시대적 범죄 흐름과 변화에 매우 중요한 의미를 갖는다. 그 이유는 기존의 한국 사회에서는 어떤 분명한 목적에 의해 일어난 범죄 유형이 대부분이었다면, 이후의 범죄는 자신의 분노나 감정을 불특정 다수에게 표출하는 유형으로 변화했기 때문이다. 이때는 국가적으로도 IMF 직전 격동의 경제 상황에 놓인 시기였다. 경제적 혼란과 어려움은 사람들의 공격성을 높이고 범죄율을 증가시켰다. 거기에는 여러 가지 원인이 뒤따르는데 그에 대해서는 뒤에 좀 더 자세히 설명할 것이다. 어쨌든 이러한 시기적 상황을 알면 범죄심리를 이해하는 데에 훨씬 도움이 될 수 있다.

범죄 유형이 급격히 변화함에 따라 수사를 진행하는 경찰에서는 결국 CSI^Crime Scene Investigation로 불리는 과학수사대 프로파일링을 전문화시키기 시작했다. 이전까지는 공소 유지를 해나가는 데에 있어서 범인의 자백과 확실한 증거가 있었기 때문에 과학수사가 많이 동원되지도 않았고, 또 필요하지도 않았었다. 비교적 어렵지 않게 범인을 잡을 수 있던 때다 보니 어떻게 수사를 해야 할지 미리 수사 방향을 설정해야 하는 경우도 많지 않았다. 뿐만 아니라 굳이 이미 체포된 범죄자의 심리를 분석해 자백을 받거나 여죄를 수사할 필요성도 많지 않았다.

결국 이러한 사회적 상황과 수사 환경은 경찰의 무리한 수사로 이어지기도 했고, 폭력과 고문으로 억울한 사람들이 누명을 쓰는 일도 생겨났다. 이러한 일들은 향후 과학수사가 실체적 진실을 밝히기 위해 반드시 필요한 수사 기법이라는 것을 깨닫기 시작한 바탕이 되었다.

1990년대 초 검거된 조직폭력배와 확보한 증거물들

하지만 변화된 유형의 범죄에 대처하기 위해서는 강력한 방안이 필요했다. 기존의 수사 방법에서 벗어나 과학적인 단서를 통한 효율적 수사를 지원하기 위해 CSI와 프로파일러가 전문화되기 시작했다.

CSI의 주요 역할은 범인을 체포하고 공소 유지를 하기 위해 증거물을 확보하고 범인의 신원을 확인하는 일이다. 그리고 프로파일러는 범행 동기와 목적을 분석하고 범죄자의 유형과 특성을 파악해 용의자를 압축하거나 수사 전략을 수립하는 일을 한다. 일반인들이 흔히 알고 있는 범죄자들과의 면담은 모든 사건이 다 마무리 된 뒤에 실시하는 마지막 업무라고 할 수 있다. 이 면담을 통해 수집한 자료는 향후 유사 사건을 분석할 때 활용된다. 프로파일러는 CSI와 함께 사건 현장에 출동하게 되는데 범죄 현장의 모든 증거물에 대한 해석과 현장 재구성을 통해 프로파일링이 이루어진다.

2000년 2월 9일, 한국 경찰에 처음으로 프로파일링 팀이 만들어졌다. 당시 현장 CSI 일원으로 근무하고 있던 나는 프로파일링 팀으로 발령을 받게 되었다. 현장 경험을 많이 한 사람은 현장 재구성을 통해 범죄자의 마음속으로 걸어 들어가는 것이 익숙하기 때문이다. 그렇게 해서 드디어 한국의 프로파일링 역사가 시작되었다.

　사실 프로파일러의 등장은 곧 그 사회에 단순한 범죄를 넘어서는 유형의 범죄들이 늘어나기 시작했다는 것을 의미하기 때문에 달가운 변화라고 할 수는 없다. 그래서 프로파일러에게 대중의 관심이 쏟아지고, 그들의 수사 방식과 분석 내용에도 많은 관심이 집중된다는 것은 어떤 측면에서는 매우 안타까운 일이다. 그러나 또 다른 측면에서는 기존의 범죄 유형과는 전혀 다른 새로운 범죄의 대대적인 확산을 어느 정도 차단할 수 있다는 순기능도 존재하기 때문에 긍정적으로 받아들여야 하는 부분도 분명 존재한다.

　오징어잡이 과정을 직접 봤거나 매체를 통해 보신 분들이 있을 텐데, 다른 건 자세히 몰라도 배에 대낮처럼 환하게 불을 밝히고 있는 모습은 누구나 쉽게 떠올릴 것이다. 실제로 여러 척의 오징어잡이 배가 모여 아주 환하게 불을 밝히고 조업을 하는데 그렇게 대낮처럼 불을 밝히는 이유는 오징어들이 불빛을 좋아하기 때문이 아니다.

　정약전의 『자산어보』에 이런 이야기가 있다. 바다에서 환하게 불을 밝히면 오징어의 먹이인 작은 새우나 플랑크톤들이 모여드는데, 그러면 그것들을 잡아먹으려고 오징어들이 모여들게 되고 그때 어부는 그 모여든 오징어들을 잡아 올린다. 프로파일링은 이와 같이 대상이 가진 특성과 유형을 분석해 수사 전략을 수립하는 것이다. 여기서의 전략은 상대를 속이는 계략과는 다르다. 특수 사건마다 각각의 과학적인 데이터를 모아 축적해두는데 이 데이터를 활용하는 것은 수사 전략 수립에 필요한 아주 중요한 요소다.

실제로 프로파일러의 역할은 흔히 방송이나 언론에 비춰진 것처럼 체포된 범인을 면담하고 심리를 분석하는 것에 집중되어 있지 않다. 그보다는 범인이 어떤 심리를 가지고 있고, 어떤 유형의 사람인지를 파악해 그에 따른 전략적 수사 방법을 설정하고 어떻게 범인을 검거할 것인지에 대한 정보를 제공하는 역할을 한다. 용의자가 체포된 경우 기초 면담을 통해 심리를 파악하고 수사팀에 신문 전략을 제공하기도 한다. 이때 범죄자의 자백을 받기도 하지만 자백을 받는 것은 수사관의 역할이고, 심층 면담은 가장 마지막에 범인이 체포되고 모든 범죄 사실이 밝혀졌을 때 이루어지는 과정이다.

연쇄살인,
충격과 공포의 사이코패스들

2000년대에 들어서면서 우리 사회에는 1990년대와는 또 다른 새로운 유형의 범죄들이 나타나기 시작했다. 바로 사이코패스에 의한 연쇄살인 사건이다. 유영철, 정남규, 강호순으로 이어진 연쇄살인 사건은 10여 년 동안 한국 사회를 충격과 공포의 도가니로 몰아넣었다. 수많은 피해자들이 표현하기

유영철이 범행을 저지른 오피스텔의 내부 모습

조차 어려운 끔찍한 고통에 시달렸고, 이를 지켜보는 국민들 또한 공포와 불안감을 떨치지 못했다.

앞의 사진은 연쇄살인범 유영철이 범행을 저질렀던 오피스텔의 내부 모습이다. 그는 이곳에서 여러 명의 피해자들을 공격하고 훼손하는 잔혹한 행위의 범죄를 저질렀다.

이 시기에 나타난 또 한 명의 연쇄살인범은 정남규다. 그가 범행을 저지른 집을 수색하는 과정에서 나의 인터뷰 내용이 실린 책이 발견되기도 했는데, 이 책을 직접 압수하면

연쇄살인범 정남규

서 범죄자들이 실제로 자신을 추적하는 수사관과 자신의 범행이 보도된 미디어들을 수집하고 연구한다는 사실을 알 수 있었다. 그들도 진화하고 있었던 것이다.

그다음 나타난 연쇄살인범은 강호순이다. 연쇄살인 사건을 이렇게 순차적으로 설명하는 이유는 시대적 상황에 따라

범죄 유형이 매우 빠르게 변화하고 있다는 것을 강조하기 위해서다. 1990년대에는 지존파, 막가파 등의 조직폭력배처럼 집단으로 분노를 표출하는 범죄가 주를 이루었다면, 2000년 대에는 사이코패스들에 의한 범죄가 두드러지게 나타나기 시작했다.

유영철과 정남규의 범죄를 자세히 들여다보면 몇 가지 중요한 공통점을 발견할 수 있다. 그들은 미리 범행 도구를 준비했고, 범행 대상을 직접 찾아다녔으며, 침입을 서슴지 않았고, 잔혹하게 물리적 공격을 가했다.

그런데 2009년에 체포된 강호순은 이들의 수법과는 사뭇 다른 유형의 범죄적 특징을 가지고 있었다. 그의 범행을 살펴보면 짧은 몇 년 사이에 교묘하게 피해자들을 기망하고 속여 철저한 자기 통제 하에서 범행을 저지르는 식으로 범죄 행위가 진화하기 시작했다는 것을 알 수 있다. 범죄에 '진화'라는 표현을 사용하는 것이 썩 적절하지는 않지만 어쨌든 범죄의 수법이 점차 진화의 단계를 밟아나가고 있는 것은 분명했다.

강호순은 지능적으로 피해자들을 유인했다. 유영철과 정남규는 범행 대상을 물색하기 위해 이곳저곳을 찾아다니고

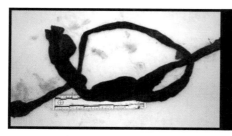
강호순은 범행 도구를 따로 준비하지 않고 사진의 증거 품처럼 피해자의 의복을 이용해 피해자를 결박하고 살해했다.

가정에 침입해 비열하게도 연약한 어린아이들과 여성들을 공격의 대상으로 삼았다. 하지만 그들과 다르게 강호순은 교묘하게 특정한 상황을 이용해 자신의 절대적인 통제 하에 범행을 저질렀다. 현대 사회에서 일어나고 있는 가스라이팅, 그루밍 성범죄와 같이 소위 상황을 이용한 범죄의 서막이라고 할 수 있다.

2009년에 강호순이 검거된 이후 연쇄살인범은 나타나지 않고 있다. 하지만 이러한 현상을 두고 우리 사회에서 연쇄살인범이 사라진 것이라고 단정할 수는 없다. 연쇄살인범이 없어진 것이 아니라, 여러 가지 이유로 끔찍한 연쇄살인으로 이어지기 전에 범인이 검거되고 있다고 보는 것이 더 정확할 것이다. 범죄에 대한 국민의 의식 수준이 향상된 것도 그 이유 중 하나다.

예전에는 어떤 피해를 목격했을 때 두려움이 앞서다 보니 그냥 지나치거나 신고하는 과정이 늦어지는 경우가 많았다. 뿐만 아니라 수상한 현장을 목격했더라도 그것이 범죄인지 아닌지 확신이 서지 않아 신고를 주저하는 경우가 많아 신고율이 높지 않았다.

하지만 언젠가부터 국민들의 적극적인 신고가 이어져 최근에는 매우 높은 신고율을 보이고 있다. 개개인이 휴대전화를 소지하고 있다 보니 언제든 즉시 신고할 수 있고, 또한 사진 촬영이나 녹화가 얼마든지 가능해져서 이러한 변화들이 적극적인 제보로 이어지고 있다. 한 사회의 구성원들이 서로가 서로를 지켜가고 있는 셈이다.

뿐만 아니라 사회관계망 서비스(SNS)를 통해 증거 활동도 활발하게 이루어지고 있고, 사회 곳곳에 설치되어 있는 수천만 대의 CCTV가 우리의 눈을 대신해 범죄를 감시하고 있으며, 차량마다 부착되어 있는 블랙박스도 범죄 예방과 증거 확보에 큰 몫을 하고 있다.

즉시성 공격,
묻지마 범죄의 출현

국민들의 적극적인 제보와 다양한 범죄 예방 시스템 구축으로 수사력이 향상되었다고 해서 우리 사회의 범죄가 대폭 줄어들었을까? 현대 사회에서 일어나는 범죄는 점점 더 새로워지고 다양해지고 있다. 오늘날 우리 사회에서 주로 일어나는 범죄 행위는 폭발적인 즉시성 공격 범죄로 변화했다. 일명 '묻지마' 범죄, 분노 충동 범죄 등이 그런 예다. 동기 없이 자신의 감정을 표출하는 방화를 저지르고 대피하는 피해자들을 무참히 살해한 안인득 사건이 대표적인 경우다. 아동을 학대하고 폭력을 행사해 죽음에 이르게 하는 수많은 가정폭력 범죄도 마찬가지다. 이러한 범죄들은 대부분이 이제까지 발생한 체계적인 과정의 연쇄살인 유형과는 또 다른 형태의 범죄들이다.

그렇다면 이러한 무동기 범죄는 어떤 심리적 기제를 가지고 있을까? '묻지마' 범죄는 감정을 즉시 표출하는 유형으로 이들이 범죄를 저지르는 심리의 기저에는 시기^{envy}의 감정이 가장 크게 자리 잡고 있다. 그래서 무동기 범죄를 면밀히 살펴보면 그 바탕에 여러 가지 사회적 현상이 깔려 있다는 것을 알 수 있다. 시기의 감정은 가족의 사랑, 행복, 우정 등 비물질적인 모든 것을 포함해 내가 가질 수 없는 것들을 가진 모든 사람들을 공격의 대상으로 삼는다. 그런 이유로 사소한 자극에도 감정이 폭발해 무차별 공격으로 이어진다.

무동기 범죄의 바탕에 깔려 있는 사회적 현상 중 하나로 무한 경쟁과 효율성만을 지향하는 급속한 사회 변화를 꼽을 수 있다. 많은 학자들이 이러한 현상이 나타나는 이유를 신자유주의의 병폐, 자본주의의 그늘 등으로 설명하기도 한다. 그 바탕에는 탈물질주의적인 것에 대한 가치를 경시하는 풍조가 짙게 깔려 있다. 2000년대 초반까지만 해도 인권, 사랑, 사회적 연대, 공동체 의식, 배려, 자유 등을 중요시하기보다는 다른 사람보다 내가 더 공부도 잘해야 하고, 내가 더 돈도 많이 벌어야 하고, 내가 더 성공해야 한다는 식의 사고를 훨씬 더 가치 있게 받아들이는 풍조가 사회 전반에 팽배하게 깔려 있었다.

그렇다 보니 이러한 목표를 달성하지 못하는 것은 곧 실패를 뜻했다. 그리고 그 실패의 원인이 자신이 처한 상황 때문이라고 생각하며 분노를 증폭시켰다. 이러한 현상을 지존파, 막가파와 같이 집단을 이루어 소위 '부자'들의 돈을 강취하고 잔혹하게 살해하는 행위를 통해 분노를 표출하는 범죄가 나타난 배경의 한 요인으로 설명하기도 한다. 실제 이들은 가난에서 벗어나기 위한 방법이 스스로 열심히 노력하는 것이 아니라 타인이 이루어놓은 노력의 결과를 강취하는 것뿐이라고 생각하고 범행을 저질렀다. 그리고 그에 대해 일말의 죄책감도 느끼지 않았다.

유영철, 정남규 같은 사이코패스들 또한 같은 맥락에서 '부자는 모두 죽어야 하고 여자들은 각성해야 한다'는 말도 안 되는 주장을 하면서 자기들이 저지른 끔찍한 범죄를 합리화했다.

실제로 범죄자들과 직접 면담을 통해 분석한 그들의 첫 번째 범죄심리는 상대적 박탈감으로부터 비롯된 사회적 배제감이다. 욕구 충족 수준을 항상 타자와 비교하다 보면 상대적 박탈감이 형성된다. 이러한 정서가 강하게 자리 잡으면 정당한 노력을 통해 성취한 지위와 부에 대해서까지 싸잡아 비난하는 왜곡된 심리를 갖게 된다.

사실 우리는 누구나 부정적 감정을 회피하려는 심리적 특성을 가지고 있다. 그렇기 때문에 상대적 박탈감이라는 감정은 어떤 측면에서는 오히려 느끼지 않는 것이 더 문제가 될 수도 있다. 그 어떤 박탈감과 우울감도 느끼지 않는다거나 어떤 부정적 환경과 상황에 처했는데도 분노를 느끼지 않는 것은 정신 건강의 측면에서 훨씬 더 위험할 수 있다. 인간은 정서적 동물이기 때문에 상황에 따라 어떤 감정이 느껴지는 것은 너무도 당연하다. 그런데 문제는 상대적 박탈감을 통해 발전해나가는 아주 위험한 감정, 즉 사회적 배제감을 갖게 된다는 데에 있다.

사회적 배제감은 내가 사회의 구성원으로서 무언가 참여할 수 있는 기회가 박탈되었다는 것을 의미한다. 그러니까 쉽게 말해 내가 사회의 한 구성원으로서 당연히 가져야 할 권리와 누릴 수 있는 모든 기회가 박탈되어 남들이 다 누리는 것을 나만 누리지 못하고, 남들이 다 이루는 것을 나만 이루지 못한다고 생각하는 것이다. 아무리 노력해도 나에게는 기회조차 없기 때문에 그 무엇도 성취할 수 없다는 무력감과 사회적 장벽, 그리고 그 모든 것들이 불공정하다는 의식이 마구 발전해나가면서 시기의 감정이 자리 잡게 되는 것이다. 이러한 사회적 배제감은 결국 사회적 유대관계와 공동체적 유대관계를 단절시켜버리는 주요 원인으로 자리 잡게 된다. 그러면서 그들은 점차 고립되기 시작한다.

무동기 범죄자들과 면담을 해보면 공통적으로 하는 이야기가 있다. 자신에게는 사회 구성원으로서 무언가 할 수 있는 그 어떤 기회도 주어지지 않았고, 아무리 노력해도 이루어지는 게 없다는 생각 때문에 주변에서 일어나는 모든 일들에 늘 화가 난다는 것이다. 그 결과 자신의 화를 참지 못해 아무 관계도 없는, 그리고 무고한 누군가를 무참히 살해하는 극악무도한 범죄를 저지르고도 그들은 일말의 죄의식도 갖지 않는다. 오히려 '왜 미안해해야 하지?'라는 아주 왜곡된 관념을 드러낸다. 사회적 관계의 단절과 고립에서 비롯된 분노가 극명하게 드러나는 대목이다.

그렇다면 여기서 문득 이런 의문이 들 수 있다. 우리 모두는 동시대를 살아왔다. 1990년대를 지나고 2000년대를 거쳐 2022년을 살아가고 있다. 똑같이 같은 시대 상황 속에서 살아왔고, 또 살아가고 있는데 왜 대부분의 사람들은 범죄를 저지르지 않을까? 왜 특정한 몇몇만이 얼토당토않은 자기합리화로 그런 잔인하고 극악무도한 범죄를 서슴지 않고 저지르는 것일까?

그것은 바로 위에서 언급한 고립감 때문이다. 시기의 감정과 공동체에서 나의 존재가 소외되어 있다고 느끼는 사회적 배제감, 자신만이 고립되어 있다고 느끼는 이 생각들이 무력감으로 이어지고, 이 무력감이 분노로 치환되는 것이다. 이들의 공통점은 평범한 사람들처럼 누군가와 대화를 나누고 차를 마시고 식사를 하는 등 타인과 교감을 나누는 '관계'에서 배제되어 있다는 점이다. 자신의 불편하고 어렵고 힘든 감정을 누군가와 함께 나누는 사회적 관계에서 배제되어 있다는 고립감이 그들의 대표적인 특징이다.

이들이 가지고 있는 고립감은 단순히 혼자라는 데에서 기인하는 물리적 고립감보다 심리적 고립감이 훨씬 더 크다. 평범한 사람들은 우울하면 친구를 만나 수다를 떨거나 동료에게 속내를 털어놓거나 가족들에게 하소연을 하기도 한다. 그럼으로써 나의 이야기를 들어주고 나를 지켜봐주는 가족과 친구, 동료가 있다는 일종의 소속감을 통해 마음의 위안을 얻는다.

이렇게 관계 속에서 서로 의지하고 서로를 지켜주며 살아가는 것이 사회 구성원의 보편적인 모습이다. 하지만 범죄자들은 이러한 관계에서 배제된 채 지극히 비정상적인 고독감을 경험하고 비정상적인 우울감을 갖게 된다.

악의 평범성,
누가 상황을 지배하는가

공격성은 어떻게 정의되는가
: 타인을 해치려는 의도된 행동

흔히 '묻지마' 범죄로 불리는 무동기 범죄는 2010년경 급격히 증가하기 시작해 오늘날 여러 유형으로 확대되어 발생하고 있다. 오늘날 악은 과연 어떤 형태로 우리 주변에 다가와 있을까? 사회심리학에서 밝히고 있는 몇 가지 이론을 바탕으로 살펴보고자 한다.

먼저 공격성에 대해 살펴보자. 공격성은 인간이 존재하고 삶을 유지하는 데에 꼭 필요한 성향이다. 하지만 로버트 치알디니^{Robert B. Cialdini}는 『사회심리학』에서 범죄 상황에서의 공격성에 대한 사회심리학적 정의는 명백하게 다른 사람을 해치려는 의도로 하는 행동이라고 말한다. 이 공격성은 분노의 감정과는 다르다.

사람들은 살아가면서 다양한 이유로 분노를 느끼지만 그렇다고 해서 그때마다 모두 공격적으로 행동하는 것은 아니다. 반대로 어떤 상황에서는 화가 나지 않아도 공격적으로 행동할 수 있다. 보통사람들도 누군가가 지독하게 밉다면 머릿속으로는 그를 해치는 상상을 하기도 하지만 대부분은 그저 상상에 그칠 뿐 실행에 옮기지는 않는다. 그래서 분노하고 화가 나는 그 자체를 공격성이라고 표현하지는 않는다. 그리고 실수로 누군가를 해치거나 살해한 것 또한 공격적인 행동으로 보기는 어렵다.

사회생활이나 직장생활을 하다 보면 간혹 '좀 공격적으로 의사를 표현해봐'라거나 '좀 더 공격적으로 마케팅을 해봐'라는 식의 표현을 사용할 때가 있는데 이때의 공격성은 강한 자기주장^{assertiveness}을 의미한다. 이러한 강한 자기주장은 지배성이나 확신을 표현하려는 의도적인 행동일 뿐이다. 사람은 누구나 어느 정도의 공격성을 가지고 있다. 그래서 인류가 존재할 수 있는 이유 중 하나가 공격성 때문이라고 말하는 학자들도 있다. 단순한 예로 사람이든 동물이든 나를 위협하는 그 어떤 대상과 맞닥뜨렸을 때 스스로 자기방어적 공격성을 드러내지 않는다면 어쩌면 인류는 오래전에 멸망했을지도 모른다.

공격성은 크게 두 가지 유형으로 분류할 수 있는데 각각의 연관성을 가지고 해석하면 공격 행동을 보다 쉽게 이해할 수 있다. 첫 번째 유형은 간접 공격성과 직접 공격성으로 나뉘며, 두 번째 유형은 감정적 공격성과 도구적 공격성으로 분류한다.

간접 공격성indirect aggression은 말 그대로 직접 대면하지 않고 하는 공격으로 흔히 악의적인 가짜 뉴스나 나쁜 소문을 퍼뜨리는 것, 악성 댓글을 달거나 당사자에게 상처를 주는 말을 유포해 상대방의 마음을 아프게 하는 행위 등이 여기에 해당한다. '단톡방'처럼 메신저를 이용한 단체 대화방을 개설해 누군가를 집단으로 괴롭히는 행위 등도 모두 간접 공격에 해당된다. 간접적이긴 하지만 누군가를 해치려는 의도가 분명한 공격성이다. 이러한 피해를 당한 누군가는 그로 인해 극단적 선택을 하기도 한다. 한 생명을 죽음에 이르게 하는 공격으로 진화하고 있는 것이다.

직접 공격성direct aggression은 물리적으로 행해지는 폭력이나 협박 등을 의미한다. 예를 들어 경적을 울렸다는 이유로 차를 가로막고 부수는 행위, 운전자를 폭행하는 행위 등도 이 직접 공격에 해당한다.

감정적 공격성emotional aggression은 공격을 하는 이유가 개인적 분노에 의해 비롯되는 경우다. 상습적으로 불법주차를 한다는 이유로 화가 나서 그 차량을 훼손하거나 타이어를 펑크내는 등의 행위가 여기에 해당한다.

도구적 공격성instrumental aggression은 다른 목적을 달성하기 위해 공격적 행동을 하는 행위다. 운동선수들이 강한 몸싸움을 하거나 반칙 행위를 하는 것 등을 예로 들 수 있다. 하지만 이때의 공격성은 게임에서 승리하기 위한 목적이 더 크다는 점에서의 공격 행동일 뿐 감정을 가지고 상대방을 해치려는 목적을 가지고 있지는 않다. 물론 몸싸움이 과열되다 보면 감정이 격해지기도 하지만 촉발 요인이 개인에 대한 감정에서 시작되는 것은 아니다.

　이러한 공격성의 개념을 바탕으로 우리는 어떤 공격 행위에 대해 분석할 수 있다. 예를 들어 다른 차량이 내 차 앞에 끼어들었다는 이유로 상대방의 차량을 부수고 운전자를 폭행하는 것은 직접적이고 감정적인 공격 유형이다. 평소 나와 다툼이 잦고 나쁜 감정을 갖고 있는 대상에 대한 악의적 소문을 퍼뜨려 상대방의 일상에 고통을 주는 것은 간접적이고 감정적인 공격 행위다. 이렇게 공격성에 대한 개념과 유형을 분류하고 나면 우리는 어떤 사람의 공격적 행동을 보다 쉽게 해석할 수 있다.

우리는 언제,
왜 공격성을 띨까

범죄와 관련한 공격성은 명백하게 타인을 해치려는 의도성(목적성)을 가지고 있는 행동이다. 범죄심리에서 우리가 접근해야 할 또 하나의 단계는 사람들은 언제 공격적 행동을 하게 되는가 하는 것이다. 이것은 누구든지 자기 자신의 행동을 되짚어봄으로써 생각해볼 수 있는 문제다. 내가 공격적인 행동을 할 때는 언제인가? 독자들도 스스로 한번 떠올려보기 바란다.

로버트 치알디니는 『사회심리학』에서 사람들은 살아가면서 타인에게 어떤 영향을 미치거나 권력과 지배성을 확보하기 위해 공격적인 행동을 하기도 하며, 강한 인상을 주거나 사회적으로 인정받기 위해 그런 행동을 할 때도 있다고 설명한다.

또한 부정적 감정의 분출로 인해 공격성을 띨 때도 있는데, 부정적 감정에는 개인 간에 발생하는 감정도 있지만 자신의 불행한 상황이 사회의 모순이나 불합리한 것에 원인이 있다고 생각하는 식의 감정도 포함된다. 우리는 한 사회의 범죄와 범죄 행위의 동기를 이해하기 위해 다양한 요인들을 복합적으로 분석해야 한다.

그러나 부정적 감정을 분출하기 위해 공격적 행동을 하는 것은 그 행위로 인해 공격의 주체자인 나 자신을 오히려 부상이나 사망, 처벌에 이르게 하는 위험을 감수해야 한다. 그렇기 때문에 다른 방법으로 감정을 해소하려는 목적을 달성하는 데에 실패할 경우에만 공격성을 사용한다는 관점이다. 다시 말해 공격 행위만이 나의 목적을 달성하는 데에 최선이라는 생각이 들 때 공격성을 드러낸다는 것이 이 이론의 핵심이다.

그렇다면 앞에서 예로 들었던 지존파, 막가파 등 조직을 만들어 불특정 다수를 공격하는 범죄자들의 부정적 감정은 어떻게 형성되었을까?

지존파의 조직원인 김현양은 한 매체와의 인터뷰에서 아주 자랑스럽게 초등학교와 중학교를 다닐 때 선생님이 시킨 대로 살다 보니 이렇게 된 것이라고 이야기했다. 학교에 갈 때 미술 도구나 학습 도구 등을 잘 준비해가지 못했고 그럴 때마다 선생님들이 심하게 혼을 내서 자존심이 상하고 상처를 받았는데, 그런 상황이 너무 싫어서 다른 반 아이들의 것을 훔쳐와 수업에 들어갔더니 선생님이 혼을 내지 않더라는 것이었다. 그래서 자신의 목표를 설정하고 그것을 이루기 위해서는 남의 것을 훔쳐서라도 해내야 한다고 생각했고, 그런 행동이 왜 죄책감을 느끼며 살아야 하는 것인지 그 이유를 모르겠다고 말했다.

자신의 행위로 인해 타인이 겪는 불편함과 고통을 무시하는 반사회적 성향이라고 할 수 있다. 지극히 자기중심적이고 이타심이 결여되어 있는 왜곡된 합리화가 아닐 수 없다. 결국 그의 이러한 부정적 감정들이 타인이 이루어놓은 것을 강취하고 그들의 삶을 파괴하는 공격 행위로 표출된 것이다. 사회나 불특정 다수를 대상으로 자행되는 직접적이고 감정적인 공격이다. '묻지마' 형태로 나타나는 범죄 가해자의 대부분은 이렇게 직접적이고 감정적인 공격성을 가지고 있다.

공격성에 대한 이해
: 일상 속 좌절이 공격으로 이어지는 순간들

자신의 삶 속에서 경험하는 주관적이고 부정적인 감정들이 언제 공격성으로 나타나는가에 대한 질문을 하기 전에 '공격성은 인간의 삶에서 어떤 기능을 수행하는가?'를 먼저 살펴본다면 왜 공격적인 행동을 하는지 그 원인에 조금 더 가까이 접근할 수 있다. 우선 공격성의 기능 수행을 네 가지로 분류해볼 수 있다.

첫째는 불쾌한 상황에 대응하기 위한 기능이다. 불쾌한 감정을 느낄 때 사람들은 거기에서 벗어나기 위한 합리적인 노력을 시도한다. 하지만 그럼에도 불구하고 계속된 실패를 경험하면 이를 회피하려는 노력을 하게 되고 결국 공격적 표현을 통해 해소하려고 한다.

둘째는 물질적·사회적 보상을 획득하는 기능이다. 앨버트 반두라Albert Bandura의 사회적 학습 이론에 의하면 공격적 행동은 공격성에 대한 보상 때문에 발생한다. 이는 도박, 성착취 등의 폭력을 통해 금전적 이익을 취득하려는 조직폭력배들의 행태를 통해 충분히 이해할 수 있다.

셋째는 사회적 지위를 획득하고 유지하려는 기능이다. 물질적·사회적 보상을 통해 얻고자 하는 것의 목표가 사회적 지위와 권력일 경우 여기에 해당된다.

넷째는 자신이나 집단 구성원을 보호하려는 기능이다. 직장 내에서 타 부서와의 좋은 조건을 확보하기 위한 노력들도 일부 포함되는 내용이다. 여기서 우리가 주목해야 하는 기능은 앞에서도 잠시 언급했던 것처럼 불쾌한 상황에 대응하기 위한 기능이다. 이것은 공격성 이론으로 설명된다.

사람들이 공격성을 드러내는 이유에 대한 대표적인 이론 중 하나는 좌절 공격성 가설frustration-aggression hypothesis이다. 개인이 심리적 욕구 좌절을 경험하면 공격적 감정을 일으키게 된다는 주장이다. 우리는 어떤 목표를 설정하고 순간순간 그에 따라 행동하는데, 이러한 목표들을 이루기 위한 노력 중 하나인 목표지향적 행동을 방해받을 때 자동으로 공격적 반응이 나타난다. 예를 들어 커피를 마시기 위해 자판기에 돈을 넣었는데 컵만 나오고 커피는 나오지 않을 때도 있고, 반대로 컵은 나오지 않은 채 커피만 쏟아져 나올 때도 있다. 심지어는 돈만 먹고 아무것도 나오지 않을 때도 있다. 이때 당신이라면 어떻게 하겠는가?

대개의 사람들이 갑작스런 분노를 경험하고 주먹으로 자판기를 쾅쾅 두드린다. 물론 겉으로 크게 욕을 하는 사람들도 있다. 좀 더 심한 경우에는 발로 자판기를 걷어차는 사람들도 있다. 커피 한 잔에도 인간의 공격성은 쉽게 드러난다. 목표지향적인 행동을 방해받았다는 생각에 좌절감을 경험하기 시작하는 것이다. 여기서의 좌절은 거대한 목표에 대한 좌절만이 아니다. 일상생활에서 이어지는 사소한 것들까지도 모두 포함된다.

예를 들어 아침에 늦잠을 잤다고 가정해보자. 부랴부랴 출근 준비를 하고 주차장으로 갔는데 내 차 앞에 다른 차가 이중으로 주차되어 있다. 차주에게 연락을 하려고 차를 살펴보는데 어디에도 연락처가 없다. 경비실에 연락을 하자 한참 만에 차주가 나타나 차를 빼 드디어 회사로 출발했다. 그런데 어디서 사고가 났는지 그날따라 도로는 엄청나게 정체되어 있고, 그때 갑자기 내 차의 핸들이 한쪽으로 기울어지기 시작했다. 내려서 확인을 해보니 한쪽 타이어가 펑크가 났다. 이쯤 되면 이야기를 듣는 것만으로도 짜증이 머리끝까지 치밀어오를 것이다.

이 정도까지는 아니더라도 우리는 일상 속에서 이와 비슷한 상황을 흔하게 경험한다. 한마디로 우리의 일상은 크든 작든 끝없는 좌절의 연속이다. 우여곡절 끝에 사무실에 도착했는데 옆의 동료가 내게 농담인 양 비꼬는 소리를 한마디 던졌다고 해보자. 이 순간 많은 사람들이 폭발한다. 아침 내내

쌓인 분노가 동료의 한마디에 점화되어 결국 폭발하는 공격성을 보이는 것이다. 이렇게 공격적 행동을 하는 사람은 좌절할 만한 일이 선행되었으며, 어떤 일에 좌절한 사람은 연이어 공격적으로 행동할 확률이 높다. 그런데 여기서 한 가지 짚어 볼 것은 모든 사람이 과연 이 같은 상황에 동일하게 분노를 표출할 것인가 하는 점이다. 그래서 좌절 공격성 가설은 수정된다.

수정된 좌절 공격성 가설reformulated frustration-aggression hypothesis은 좌절이 있었다고 모두 공격적 행동을 보이는 것이 아니라 그 좌절이 부정적 감정을 일으킬 때 공격성으로 이어진다는 주장이다. 즉 고의적 행동에 대한 부정적 감정이 유발될 경우 공격성을 크게 나타낸다는 것이다. 가령 약속을 지키지 못하게 된 경우 충분한 사유가 있다면 공격적 표현이나 행동을 하지 않지만 고의라고 생각하는 부정적 감정이 들면 공격성을 나타낸다. 결국 똑같은 상황이라도 누구나 다 공격성을 드러내지는 않으며, 그 상황이 부정적 감정을 유발할 때 공격성으로 이어진다는 것이다.

그러면 대체 어떤 사람들이 공격성을 드러낼까? 바로 상대방의 반응이 내게 부정적인 감정을 일으킬 때다. 이와 비슷한 맥락에서 공격성의 의도에 대한 평가가 다르다는 연구가 있다. 크리스토퍼 발렛Christopher P. Barlett과 크레이그 앤더슨Craig A. Anderson 교수의 2011년 연구 결과에 따르면 사람들은 상대방이 일부러 한 행동에 내가 피해를 당했느냐, 실수로 한 행동에 피해를 당했느냐에 따라 각기 다르게 반응했다. 즉 누군가 나에게 해를 가했을 때 그것이 고의였는지, 실수였는지에 따라 나의 반응이 달라질 수 있다는 이야기다. 형법에서 과실을 별도로 처벌하는 것 역시 공격성에 대한 정의를 분류하는 기준이 될 수 있다.

코로나19가 급속히 전파되던 초기에 많은 사람들이 계획했던 여행을 취소했다. 그리고 여행사는 엄청난 적자로 좌절을 겪었다. 이는 비단 여행사만의 이야기가 아니다. 수많은 업종이 크나큰 좌절과 고통을 경험했다. 그렇더라도 이를 이유로 모든 사람들이 공격성을 드러내지는 않는다. 인간은 합리적 판단이 가능하기 때문이다. 상황을 이해할 뿐만 아니라 나아가 타인의 고통도 함께 나눈다. 하지만 이러한 교감에서 배제되어 있는 사람들은 그 좌절이 겹겹이 쌓여 무력감과 분노로 치환되고 사소한 자극에도 폭발하는 무동기 범죄로 이어진다. 자기가 갖고 있는 부정적 감정을 아무 관계도 없는 타인에게 일말의 죄의식도 없이 표출하는 것이다.

우리 사회에는 점차 자신이 경험하는 정서적 불안을 해소하고 자존감을 회복하려는 목적이 내포된 가스라이팅gaslighting, 그루밍grooming 성범죄, 스토킹stalking이라는 유형의 범죄가 증가하고 있다. 이전까지는 자신의 폭력성과 분노, 왜곡된 성적 감정을 분출하기 위해 물리적 공격 수단을 사용했다면, 이제는 교묘하게 피해자의 심리를 이용한 범죄로 변화하고 있는 것이다. 범죄 유형이 간접적이고 감정적인 공격을 통해 직접적으로 공격을 하는 패턴으로 변화되고 있다.

코로나19로 인해 우리의 아이들이 온라인에 접속해 있는 시간이 훨씬 더 많아지다 보니 그만큼 위험에 노출될 가능성도 많아졌다. 1990년대와 2000년대를 지나오면서 변화된 사회적 환경이 범죄 동기의 변화에 영향을 주었다면, 현재 일어나고 있는 범죄들은 훨씬 더 교묘해져서 마치 아무 일도 아닌 것처럼 은밀하게 우리의 삶 속 깊이 스며들어와 있다. 이른바 조주빈이 만든 성착취 범죄인 'n번방 사건'은 사람들의 개인

정보를 이용해 접근하고 협박해 범죄를 저지른 사건이다.

1990년대에 이미 지존파, 막가파 등 불특정 다수를 대상으로 자행되는 범죄가 나타났지만 그것을 끔직한 연쇄살인의 시그널로 생각하지 못했다. 그러다 보니 국가는 이 범죄를 범죄자 개인의 문제로만 생각하고 심도 있는 연구와 대처 방안을 강구하지 않았다. 그 결과 2000년대에 나타난 연쇄살인에 보다 적극적으로 대응하지 못했다. 이제라도 우리가 이러한 왜곡된 공격성이 은밀하게 온라인 속으로 스며들고 있다는 것을 심각하게 받아들이고 대처 방안을 강구하지 않는다면 n번방 같은 또 다른 끔직한 성착취 범죄에 적극적으로 대응하기 어렵다.

가장 먼저 해야 할 일은 개인정보 보호와 같이 기본적이지만 엄격하게 지켜져야 할 법들을 정비하고 강력한 처벌로 전환하는 것이다. 심지어 개인정보를 매매하는 공무원들로 인해 살인사건이 발생한 사례도 있다. 2021년 12월 17일, 신변보호 중이던 여성의 집 주소를 알아내 그 어머니를 살해하고 동생을 중태에 빠뜨린 이석준은 흥신소를 통해 주소를 알아냈는데, 그 개인정보는 공무원이 헐값에 흥신소에 판매한 것으로 밝혀졌다.

공격성을 유발하는 요인들은 우리 주변에 흔하게 존재한다. 지속되는 신체적 고통, 무더위, 심리적으로 느끼는 어떤 대상에 대한 불편한 감정 등 불쾌감으로 이어지는 이러한 모든 사건들 역시 공격성을 높이는 요인이 된다. 불쾌한 상황이 얼마나 사람들의 공격성을 높이는지를 아주 명쾌하게 연구한 실험이 있다.

사회심리학자 레너드 버코위츠Leonard Berkowitz는 실험 대상자에게 관리자 역할을 하게 한 뒤 다른 학생들이 하는 행위에 대해 처벌과 보상을 하도록 지시했다. 그다음 관리자 역할을 하는 실험 대상자에게 차가운 얼음물에 한 손을 오래 담그고 지시 내용을 수행하도록 했다. 그러자 시간이 지날수록 실험 대상자는 다른 학생들의 유사한 행위에 보상보다 처벌을 더 많이 하는 공격적 행동을 드러냈다. 연구 결과 고통스러운 환경이 어떤 사안을 왜곡시켜 받아들이게 하는 데에 영향을 줄 수 있다는 것이다.

특히 분노할 때 심리생리적 상태는 자율신경계가 각성된다. 분노하지 않았지만 다른 이유로 분노할 때와 비슷한 수준으로 자율신경계가 각성될 때도 우리의 뇌는 이 상황을 분노의 상황으로 잘못 해석하고 공격성을 나타낼 수 있다. 잔혹한 범죄자가 등장하는 영화를 보고 나면 나도 모르게 잠시 알 수 없는 흥분 상태를 경험하는 것이 그 대표적인 사례다. 어릴 적에 홍콩 배우 주윤발이 등장해 범죄자를 처단하는 영화를 보고 극장을 나설 때면, 당장이라도 누군가 나에게 시비를 걸면 강력하게 처단할 수 있을 것 같은 느낌을 가졌던 경험이 있다. 누군가와 싸움을 할 때 느꼈던 신체 변화(자율신경계의 변화, 감정의 변화)를 영화를 통해 경험했던 것이다. 이러한 맥락에서 본다면 누구라도 지나치게 폭력적인 게임이나 미디어에 (수년간 또는 매우 오랫동안) 지속적으로 노출될 경우 현실 세계에서의 상호작용 시 공격적 행동을 할 수 있지 않을까 우려되기도 한다.

이외에도 지속되는 경제적 어려움 등으로 다른 사람보다 늘 부족하다는 상대적 박탈감을 느끼게 되면 자신이 무엇인가 해낼 수 있다는 자기효능감의 상실과, 긍정적 희망이 좌절되면서 공격성으로 이어질 가능성이 크다. 2007년 미국이 심각한 경제위기로 침체되었을 당시 815명의 실직자와 배우자를 대상으로 3년간 연구를 진행한 결과 우울과 분노, 서로에 대한 비난, 모욕이 급격히 증가했다는 통계가 보고되었다. 이외에도 사소한 일탈이 계속되는 청소년들은 그 반복되는 과정 속에서 많은 기회를 박탈당하게 되고, 이러한 현상은 결국 더 많은 공격적 일탈로 이어지는 악순환을 낳는다.

사람과 상황이
서로 영향을 미치는 방식들

사람과 상황의
상호작용에서의 공격성

범죄 동기가 복잡해지고 온라인상에서 은밀하게 이루어질수록 사건 해결이 어려워질까? 꼭 그렇지만도 않다. 그에 못지않게 과학수사도 발전을 거듭하고 있기 때문에 미래의 범죄에 대해 지나치게 두려움을 가질 필요는 없다. 막연한 불안감은 오히려 우리를 더 위축시켜 범죄에 적극적으로 대응하지 못하게 하는 상황이 전개될 수도 있다. 무엇보다 예방이 중요한데, 워낙 다양한 유형의 범죄가 존재하다 보니 각각의 범죄에 적용하고 실천할 수 있는 맞춤형 예방법이 존재하지는 않는다. 다만 각각의 범죄에 따라 법이 강화되고 새롭게 제정되기는 하지만 법은 늘 범죄의 뒤를 따라다닐 수밖에 없다는 한계를 가지고 있다. 발생하지도 않은 행위를 미리 법으로 차단하기는 어렵기 때문이다. 이 책에서는 범죄를 저지르는 사람들이 어떤 상황에 놓여 있는지에 우선 무게를 두고 설명하고자 한다.

범죄를 전적으로 개인의 문제로만 봐야 할까? 사회 현상이나 정치, 경제, 문화의 변화들이 전혀 영향을 끼치지 않는다고 단정하기는 어렵다. 수천 명의 범죄자를 직접 면담하고 분석해왔지만 그 범죄자가 타고났는지, 만들어졌는지에 대해서는 여전히 어느 쪽이라고 확신하기 어렵다. 어떤 경우에는 '아, 이 사람은 정말 악을 가지고 태어났구나!' 싶은 절망적인 생각이 들기도 하고, 어떤 경우에는 '이 사람이 살아온 환경이 바뀌었다면 이러한 일은 예방할 수 있지 않았을까?' 하는 안타까운 마음이 들 때도 있다.

그렇다면 과연 범죄는 개인의 문제인가, 사회의 문제인가? 범죄자는 유전적 소인을 가지고 태어나는가, 환경에 의해 만들어지는가? 결국 이 물음의 본질은 왜 같은 상황에서 어떤 사람은 범죄를 저지르고 어떤 사람은 저지르지 않는가 하는 것이다. 여기에는 사람과 상황이 별개가 아니라 상호작용한다는 측면에서 전체적인 맥락을 이해할 필요가 있다.

물론 범죄는 개인의 책임이 크다고 생각한다. 동시대에 같은 고통과 어려움을 겪었어도 모든 사람이 범죄를 저지르는 것은 아니기 때문이다. 결국 선택은 본인이 하는 것이니 개인의 문제에 더 가깝다고 볼 수 있다. 여기서 중요한 것은 그렇다고 무조건 개인의 문제로 치부하고 말 것인가 하는 점이다. 범죄를 예방하기 위해서는 사회 시스템이 좀 더 정교해져야 할 필요가 있다.

그렇다면 사람들은 어떤 상황에서 범죄를 저지르고 어떤 상황에서는 그렇지 않을까? 앞에서도 잠시 언급했던 로버트 치알디니의 『사회심리학』에 이러한 내용이 있다. 한 사람에게 자신의 가장 친한 친구 두 명에 대해 설명해보라고 요청했다. 그러자 친구 A는 외향적이고, 친구 B는 내향적이라고 설명했다. 두 친구들에 대해 좀 더 자세히 설명해보라고 요청했다. 그러자 친구 A는 외향적이지만 가끔 혼자 있는 것을 좋아하고, 친구 B는 내향적이지만 친구들과 함께 있을 때는 편하게 행동하고 때로는 거친 행동도 한다고 설명했다. 이것은 무엇을 의미할까?

사람과 상황은 늘 함께 작용하면서 우리의 생각과 감정, 행동 방식에 영향을 미친다는 것을 알 수 있다. 일반적으로는 외향적이거나 내향적으로 보이는 사람이라도 그때그때의 상황에 따라 얼마든지 달라질 수 있다는 것이다. 결국 사람과 상황은 상호작용하기 때문이다.

왜 사람들은
같은 상황에서 다르게 반응할까

사람과 상황이 서로 영향을 미치는 방식들을 몇 가지 소개해보도록 하겠다.

첫째는 상황이 사람을 선택하는 경우다. 모든 사람이 자신이 원하는 상황에 놓일 수는 없다. 제한된 상황은 우리로 하여금 '무엇'을 할 수 있는 기회를 박탈하기도 한다. 예를 들어 아무것도 선택할 수 없는 경제적 어려움에 처해 있거나 부모의 학대로 인해 지속적인 피해를 입고 있는 상황처럼 자신의 의지나 책임이 아닌 절대적 상황이 그런 경우다. 이러한 상황은 한 개인이 정상적인 사회 구성원으로 살아갈 수 있는 기회를 박탈하기도 한다. 이때 사람들은 상대적 박탈감이나 무력감을 경험하게 된다.

둘째는 사람이 상황을 선택하는 경우다. 이때는 자신의 욕망이나 목표에 맞는 기회를 제공하는 상황을 선택할 수 있다. 예를 들어 회식에 빠지고 수업을 들으러 귀가하는 직장인이나 대학원생이 그런 경우다. 우리는 일상을 살아가면서 굉장히 합리적인 판단을 한다. 몸이 아프면 상황을 설명하고 조퇴를 할 수도 있다. 그런데 이러한 사회적 압력이나 압박들이 단순히 직장에서 일어나는 상황이 아니고 보다 더 본질적인 경우가 있다.

예를 들어 경제적 불균형처럼 자기가 가지고 있는 아주 왜곡된 관념들로 치닫기 시작하면 상황이 사람을 지배하게 된다. 자신의 자존감을 지키기 위해서는 타인에게 해를 가해서라도 그런 상황을 유지하려는 것이다. 그러나 대부분의 사람들은 스스로 상황을 지배해나가기 때문에 범죄를 저지르지 않는다. 그래서 상황이 사람을 선택하느냐, 아니면 사람이 상황을 선택하느냐에 따라 결과는 엄청나게 달라진다.

상황에 따라 사람의 다른 측면이 점화되기도 한다. 사람들이 공통적으로 갖고 있는 공손함이나 공격성 등은 상황에 따라 점화되는 것이 다르다. 우리가 읽거나 들었던 단어 또는 정보가 우리의 생각이나 행동에 미묘한 변화를 일으킬 수 있고 이러한 현상을 '점화효과'라고 한다.

심리학자 존 바그^{John Bargh}는 점화에 대해 실험 연구를 진행했다. 세 개의 집단을 구성하고, 각 집단에 다섯 개의 단어를 제시한 뒤 그중 네 개의 단어를 사용해 문장을 완성하도록 지시했다.

1번 집단: 무례함, 건방짐, 공격 등이 관련된 다섯 개의 단어 제시

2번 집단: 공손함, 친절함과 관련된 다섯 개의 단어 제시

3번 집단: 중립적인 다섯 개의 단어 제시

문장을 완성하는 실험을 한 후 연구자는 각 집단과 일방적

인 대화를 시도해 10분 이상 자신의 의견을 피력했다. 그러자 다음과 같은 결과가 나왔다. 1번 집단은 63퍼센트가 10분을 넘기지 못하고 연구자의 말을 가로막거나 이의를 제기했고, 2번 집단은 17퍼센트가 그랬다. 3번 집단은 38퍼센트가 연구자의 말을 가로막거나 이의를 제기했다.

이 실험 결과를 통해 무엇이 점화되었는가에 따라 다른 행동을 한다는 것을 분명하게 알 수 있다. 무력감이나 시기와 같은 감정을 통해 사회 유대관계의 단절감을 갖게 되고, 상황을 바꾸려는 노력 없이 자신의 부정적 감정을 표출하는 범죄자들이 상황에 따라 각기 다른 측면이 점화되는 경우다. 아이를 방치하는 부모는 차분한 성향의 아이를 불안하게 만든다. 또 배우자나 가족의 정치관, 사회적 관점은 가족 구성원의 시각을 변화시킨다. 특히 폭력적인 가정환경에서 자란 아동은 공격성이 높다. 건강한 가정의 파괴, 심리적 고립은 결국 그 사람의 문제 해결 방법에 영향을 준다.

프로파일링을 통해 범죄자와 라포rapport를 형성하다 보면 스스로 '범죄자화'되는 경우가 있다. '같은 상황이었다면 나도 똑같이 범죄를 저질렀을까?' 하는 의문이 생기는데, 이는 범죄학에서 여전히 풀지 못한 숙제로 남아 있다.

앞서 말했듯이 상황이 사람을 지배하는 경우를 살펴보면 개인에게 목표가 없는 경우가 많다. 나 자신이 뚜렷하고 바른 목표를 가지고 있다면 외부 상황이 어떻게 전개되더라도 스스로를 지탱할 수 있는 힘이 있다. 그러나 목표가 불분명한 사람은 상황에 지배당하기 마련이다. 디지털 성범죄를 저지르는 20대 범죄자들을 분석해보면 그들은 삶의 목표가 뚜렷하지 않고 '내가 과연 이 사회에서 잘 적응하며 살아갈 수 있을까?' 하는 강한 불안과 압박을 느낀다. 그러다 보면 단기간에 많은 돈을 벌고자 하는 욕구를 갖게 되고, 그 결과 성착취물을 도구로 삼는 방식으로 범죄에 빠져들게 된다. 이처럼 좌절과 압박에서 헤어날 수 없다는 무력감과 배제감은 올바른 목표를 세우기 어렵게 만들고, 그러다 보면 점점 상황에 지배받으며 살게 되는 것이다.

그렇다면 범죄자들이 풀려났을 때 경제적 지원을 하면 재범 확률은 줄어들까? 꼭 그렇다고 볼 수는 없다. 기질이 타고난 것인지, 상황에 의해 만들어진 것인지에 대한 문제는 아직 명확하지 않다. 프로파일링은 범죄자가 왜 범죄를 저질렀는지 배경을 추적하는 것이다. 성착취물을 만들고 범죄를 저지르는 사람은 비슷한 유형을 보일 것이다. 그것을 모아놓은 게 '프로필'인데 이를 통해 우리는 범죄를 어느 정도 예방하고, 범죄가 발생할 요소를 조금씩 제거해나갈 수 있다. 그러나 범죄의 요소를 줄여나간다고 해서 범죄 또한 줄어들 것인가 하는 문제는 아직 남아 있다. 상황이 바뀌었다고 해서 그들이 반드시 좋아질 거라는 기대나 희망은 추적 연구가 불가능하기 때문에 여전히 어려운 문제다.

악의 마음을 읽으면
범죄를 억제할 수 있다

범죄자들의 심리를 간파하고 범죄를 예방하는 눈 기르기

—

그들의 심리를 들여다보면
범죄가 동기화되는 과정을 찾아볼 수 있다.

악은 어떻게
진화하는가

불공정을 탓하는 자기합리화
: 묻지마 범죄

악의 발현은 이제 디지털 세상으로 넓게 퍼져 나가고 있다.
성착취물의 제작과 배포, 가스라이팅, 그루밍 성착취 범죄뿐
만 아니라 보이스피싱을 비롯한 각종 피싱 사기, 온라인 도박
등은 다른 많은 범죄들과 연결고리를 가지고 있다. 점점 더
복잡해지고 급변하는 세상에서 누군가에게 의지하거나 도피
하고 싶은 사람들의 나약해진 심리를 이용한 범죄로 진화하
고 있는 것이다.

이러한 범죄의 두드러진 공통점은 마치 가해자는 선량한 모습으로 피해자들에게 도움을 주는 사람처럼 포장되어 있고, 정작 피해자들은 마치 자신의 잘못으로 스스로 피해를 초래한 것 같은 모습으로 비춰진다는 점이다. 이것이 바로 현대 사회에서 벌어지고 있는 범죄 현장의 모습이다. 범죄로부터 우리의 마음을 단속하고 지켜내기 위해서는 왜 우리 사회에 이러한 범죄 현상이 나타나는지 깊이 생각하고 분석해볼 필요가 있다.

공평하다는 것은 무엇일까? 수년 전에 인터넷의 한 댓글에 이런 글이 올라온 적이 있다.

"친구들이 잠자고 놀고 여행 다닐 때 나는 정말 최선을 다해 열심히 공부해서 좋은 대학에 들어갔다. 그런데 그렇지 않은 친구들이 나와 같은 대우를 받고 있는 것에 대해 기분이 나쁘다"는 내용의 글이었다. 그러자 그 글을 쓴 사람을 상대로 엄청난 비난의 댓글이 쏟아졌다. 나는 그중 하나의 댓글에 주목했다.

"그래, 인정한다. 네가 정말 남들 놀 때, 남들 잘 때, 열심히 공부해서 좋은 대학에 가고 성공한 것에 대해서는 인정한다.

그런데 네가 열심히 공부할 동안에 나는 주유소에서 기름 넣고 있었다. 네가 열심히 공부할 동안에 나는 접시 닦고 있었다. 나는 기회가 없어서 못한 것이지, 노력을 안 해서 못한 것은 아니다."

이 논쟁에서의 핵심은 바로 공정이다. 공평하고 올바르게 누구에게나 평등하게 기회가 주어지는 것, 우리는 그것을 공정이라고 말한다.

기존의 범죄자들 역시 대부분 기회에 대한 이야기로 자기들이 저지른 범죄 행위를 합리화하거나 범행 동기에 대한 변명을 늘어놓는다. 하지만 그들이 주장하는 기회의 개념은 대체적으로 심하게 뒤틀리고 왜곡되어 있다. 그들은 노력할 수 있는 기회가 있었는데도 불구하고 사회를 탓하고 타인을 원망하며 그 기회를 자신의 것으로 만들지 않았다.

결국 그들이 가지고 있는 뒤틀리고 왜곡된 생각들은 개인의 문제를 넘어 범죄로 이어졌다. 그들이 주로 부르짖는 레퍼토리가 '세상이 나를 이렇게 만들었어!'라는 말인 것만 봐도 그들의 사고와 심리가 얼마나 왜곡되어 있는지를 충분히 알 수 있다.

상대방의 심리적 소유화
: 왜곡된 관념의 폐해

오늘날 우리 사회의 악은 어떻게 진화하고 있는가? 1강에서
도 잠시 언급한 것처럼 CCTV, 휴대전화, 블랙박스, 의식 수
준, 미디어의 발달 등으로 이제 우리 사회에서 분노의 감정을
물리적 공격으로 표출하기에는 한계가 있다. 그렇다 보니 사
회는 점차 정서적 폭력의 시대로 변화하고 있다. 그 단적인
예가 디지털 성범죄, 사이버불링cyberbullying, 가스라이팅, 그루
밍 등이다.

　최근 들어 우리 사회에서 부쩍 회자되는 사건들이 데이트
폭력과 촉법소년 폐지 논란이다. 연인 간의 문제가 이렇게까
지 변질된 배경에는 한국의 전통적인 문화 속에서의 관념들
이 개입되었을 수 있다.

　쉽게 말해 연인관계를 사랑하는 만큼 서로를 존중하고, 또
함께 미래를 설계해나가기 위해 탐색하는 과정의 관계로 받
아들이기보다는, 내 마음대로 할 수 있는 소유물이나 종속관
계라는 아주 왜곡된 관념으로 형성해나가는 사람들이 있다.

그런 사고를 가진 사람일수록 스토킹이나 데이트 폭력으로 발전할 가능성이 농후하다.

실제로 데이트 폭력 범죄자들과 상담을 해보면 놀랍게도 자신이 상대방에게 엄청나게 많은 배려를 했는데 상대방이 자신을 무시했다는 생각을 가지고 있었다. 하지만 배려라는 것은 내가 원해서 해주는 것이 아니라 상대방이 원하는 것을 해주는 것이다.

그런데 그들은 배려에 대해 전혀 다른 개념을 가지고 있다. 상대방의 의사와는 상관없이 자기 마음대로 하고 싶은 것을 해준 것을 배려라고 착각한다. 그래서 범죄로까지 이어지는 경우가 많다. 상대방이 원하지 않는 배려는 배려가 아니다. 그런 식의 배려는 애초에 차단되어야 할 행동일 뿐이다. 그것이 폭력이든 가스라이팅이든 재빨리 정리되고 차단되어야 마땅한 위험한 행동일 뿐이다.

가스라이팅 역시 심리적 통제를 가하는 일종의 정서적 폭력이다. 그런데도 막상 그 상황에 놓여 있으면 '나라도 저 사람 옆에 있어주어야 하지 않을까', '그동안 함께해온 정이 있는데' 하는 생각 때문에 폭력적인 상황에 지속적으로 노출되어 있는 경우가 있다. 스스로 자신이 처한 상황을 객관적으로 판단하지 못해서 그런 경우도 있고, 두려움 때문에 주저하다 보니 단호하게 정리하거나 차단하지 못해 범죄로 이어지는 경우도 있다.

다양한 매체를 통해 이러한 문제점들에 대한 정보가 공유되고 있기는 하지만 여전히 하루하루를 두려움과 공포 속에서 전전긍긍하며 살아가는 사람들이 많다. 주변에서도 연인 간의 사랑싸움이라거나 타인의 사생활이라고 치부하기보다는 뭔가 석연치 않은 점이 느껴질 때는 적극적으로 개입해 도와줄 필요가 있다.

또 하나 논란이 되고 있는 것이 촉법소년 폐지 문제다. 촉법소년은 형벌 법령에 저촉되는 행위를 한 만 10세 이상부터 14세 미만의 소년을 말한다. 형사 책임 능력이 없기 때문에 범죄 행위를 했어도 처벌을 받지 않으며 보호 처분의 대상이 된다.

그런데 문제는 이 촉법소년들의 범죄가 심각한 수준을 넘어서고 있다는 데에 있다. 수박 서리나 하던 시절과는 비교도 할 수 없을 만큼 범죄의 심각성이 상상을 초월할 정도로 변화하고 있다.

현실은 이런데도 1950년대에 만들어진 법률이 아직까지 그대로 적용되고 있다. 그렇다 보니 이를 폐지해야 한다는 여론이 급증하고 있는 것이다.

촉법소년 범죄에 대해서는 강화된 처벌과 제도적 보완도 절실하지만 그에 앞서 그들에게 어떤 식으로 범죄에 대한 인식을 심어줄 것인가 하는 기성세대들의 고민이 더 시급하다는 생각이다.

범죄마다 조금씩 차이는 있지만 외국에서 일부 성공을 거둔 대책 중 하나가 회복적 사법을 운영하는 것이다. 자신이 저지른 범죄로 인해 피해자와 그 가족들이 얼마나 큰 고통을 받고 있는지, 얼마나 힘든 삶을 살고 있는지를 깨닫도록 해주는 것이다.

그럼으로써 아무렇지 않게 '그냥 장난이었어요, 놀이였어요'라고 생각하는 인식을 변화시켜주는 효과를 얻는다. 촉법소년의 연령을 낮추고 처벌 수위를 높이는 것도 필요하겠지만 이러한 인식의 변화가 예방의 핵심일 것이다. 교정과 교화의 역할이 그런 것 아니겠는가.

중독의 늪,
벗어날 수 없는 무력감이 범죄로

날로 그 심각성이 더해지고 있는 것 중 또 하나가 사이버상에서 공공연하게 벌어지고 있는 청소년 도박이다. 중고생은 물론이고 심지어 초등학생까지 손쉽게 도박 사이트에 접속해 실제로 도박을 한다. 우리 사회에서 도박은 비물질 중독으로 정의된다. 그러니까 마약과 다름없이 엄연한 중독이라는 뜻이다.

마약을 접하는 범죄자들이 공통적으로 하는 두 가지 말이 있다. 첫 번째는 호기심으로 시작했다는 것이고, 두 번째는 언제든지 마음만 먹으면 멈출 수 있다고 생각하는 것이다. 이것은 결단코 착각이다. 왜 그럴까? 그들은 마약 투약을 절대 멈추지 않는다. 도박은 마약과 똑같은 심리적 기제를 가지고 있다. 누구나 다 호기심으로 시작하고, 누구나 언제든지 그만둘 수 있다고 생각한다. 그리고 그만두지 않는다.

청소년들이 쉽게 접속할 수 있는 도박 사이트에서는 운영자들이 아이들에게 돈을 빌려주고, 아이들은 그 돈으로 도박을 한다. 빌린 돈을 순식간에 다 잃은 아이들은 또다시 운영자에게 돈을 빌린다. 결국 빌린 돈을 갚지 못해 빚이 쌓이면 어떤 아이들은 운영자를 통해 사채를 빌리기도 하고, 어떤 아이들은 범죄를 저질러서라도 돈을 마련한다. 악순환이 계속되면서 아이들은 도박의 수렁에 점점 더 깊이 빠져들고, 벗어날 수 없는 단계에까지 이르면 운영자들은 빚을 탕감해주는 조건으로 다른 아이들을 가입시키도록 유도한다. 그리고 그렇게 발목이 잡힌 아이들을 도박 사이트의 운영 관리자로 이용하기도 한다. 놀라울 정도로 조직화되어 있는 심각한 범죄에 우리의 청소년들이 무방비로 노출되어 있는 실정이다.

연쇄살인과 다를 바 없는
조직범죄

인터넷과 휴대전화의 보급으로 우리 사회에는 새로운 유형의 유해한 문제들이 발생했고, 또 끊임없이 진화를 거듭하고 있다. 자해 사이트, 동물 학대 사이트 등은 심지어 범죄로까지 변화되었다. 이 범죄들은 묻지마 범죄와는 또 다른 양상을 보이고 있다. 2000년대 초반까지만 해도 범죄자가 직접 범행 대상을 찾아다녔고, 벌어진 사건의 피해자는 한두 명 정도였다. 하지만 지금은 한 번에 수천, 수만 명의 피해자가 발생한다. 디지털 성범죄와 그루밍, 가스라이팅 범죄가 그 대표적인 경우다.

사이코패스는 자신이 목적하는 바를 이루기 위해서는 사람을 죽이는 것조차 아무렇지 않게 생각한다. 그래서 살해에 목적이 있다기보다는 자기의 목적을 위해 살해까지도 불사한다고 볼 수 있다.

평범한 사고를 가진 사람들이라면 아무리 절실한 자기만의 목적이 있더라도 살해를 하면서까지 그 목적을 이루는 것은 인간으로서 이해할 수도, 용납할 수도 없는 일이지만 사이코패스들은 그렇지 않다. 유영철, 정남규, 강호순 같은 사이코패스들과 달리 오늘날 나타나는 사이코패스들의 범죄 수법은 훨씬 더 교묘해졌고 조직적으로 변화했다.

메신저 프로그램인 '텔레그램'을 통해 성착취물을 제작하고 유포한 'n번방 사건'으로 알려진 조주빈의 범죄를 한번 들여다보자. 조주빈의 범죄는 사회 안전망을 뚫고 개인 정보를 수집해 피해자를 물색한 것이 특징이다. 사람들이 크게 주의를 기울이지 않는 틈을 타 해킹 링크를 발송하고, 그것을 통해 개인 정보를 어렵지 않게 유출함으로써 기본적인 사회 질서를 무너뜨린 유형이다. 그런 다음 피해자로 하여금 성착취물을 만들게 해 그것으로 돈을 벌어들였다. 엄청난 사람들을 가입시켜 이 성착취물에 무작위로 접속하게 했고, 결국 피해자들을 스스로 극단적 선택을 하게 하는 끔찍한 상황으로 몰아넣었다.

디지털 성범죄라고 표현하지만 사실 이러한 사건은 연쇄살인과 같은 범죄로 이해해야 하며, 이러한 범죄에 대해서는 더 엄격하고 강력하게 처벌할 수 있도록 법이 강화되어야 한다. 조주빈이 45년형을 선고받은 것도 디지털 성범죄가 아니라 조직범죄로 처벌했기에 가능한 결과였다.

보이스피싱 범죄도 마찬가지다. 위에서 말한 오늘날의 사이코패스들은 오히려 경제 범죄 사건에서 훨씬 더 많이 발견된다. 지능적인 사기 행각으로 한 집안을 순식간에 풍비박산을 만들어놓고도 그 고통을 감당하지 못해 피해자들이 극단적인 선택을 하면, 사기당한 자기들이 잘못이지 내가 무슨 큰 죄를 저질렀냐고 아무렇지 않게 말한다. 보이스피싱도 조직 범죄로 처벌하고 있는데, 좀 더 세밀하게 범죄 행위를 분류해 그에 따른 처벌이 이루어질 수 있는 법률이 만들어져야 할 것이다. 보이스피싱은 개인의 삶을 파괴하는 것은 물론이고 사회 질서와 안녕을 무너뜨리는 극악한 범죄다.

미래의 범죄,
진화와 예방

미래의 범죄 유형은 어떻게 변할까? 지금도 이미 드러나고 있지만 향후에는 정서적 학대와 심리적 고통을 가하는 범죄가 훨씬 더 많아질 것이다. 교묘한 가스라이팅이나 아이들을 대상으로 하는 그루밍, 온라인상에서 일어나는 디지털 성착취 범죄 등이 더 다양하고 새로운 형태로 나타날 가능성이 크다. 그렇기 때문에 성착취 범죄는 지금부터라도 강력하게 차단해야 한다. 그러기 위해서는 이러한 유의 범죄들을 단순히 디지털 성범죄로 처벌해서는 안 되며, 훨씬 더 강력한 범죄로 처벌해야 한다.

이러한 범죄를 차단하기 위해 법이 강화되고 있다. 2021년 9월부터 경찰 수사팀의 위장 수사가 가능해졌다. 이전까지는 불법적으로 수집한 증거들을 법정에서 인정하지 않았기 때문에 위장 수사가 가능하지 않았었다. 하지만 이제는 수사관이 다른 신분으로 위장해 증거를 수집할 수 있는 법안이 통과되었기 때문에 얼마든지 위장 수사가 가능하다. 이전보다 훨씬 더 적극적인 수사와 대처가 가능해진 것이다.

점점 더 교묘해지는 범죄 속에서 경찰의 역할도 당연히 진화되어야 한다. 나는 30여 년을 경찰이라는 이름으로 살았다. 그중 일부는 강력계 형사로 근무했고 나머지 대부분은 CSI와 프로파일러로 일했다. 오랜 동안 이 일을 해오면서 강하게 느낀 것은 경찰의 대응이 지금보다 훨씬 더 공격적으로 변화해야 한다는 생각이다.

경찰, 검찰, 판사, 검사 등 법을 집행하는 분들을 만나보면 공통적으로 법이 바뀌어야 한다고 이야기한다. 이는 경찰로 근무하면서 나 자신도 항상 해왔던 말이다. 그러면 법을 바꿔야 하고, 바꾸기 위해 노력하면 된다. 법이 바뀌지 않고 있다 보니 빠른 속도로 진화하는 범죄를 따라잡지 못하고 있는 실정이다.

경찰 자격으로 범죄 현장에서 일을 하다 보면 법이 얼마나 비합리적이고 불합리한지를 실감하게 된다. 세월이 바뀌었는데도 불구하고 여전히 불합리한 법을 적용해 사건을 집행해야 한다.

그렇다면 그 불합리한 것들을 표면으로 끌어올려 국민들과의 소통을 통해 바꾸고자 하는 사회적 논의를 만들어나가는 것이 진화된 경찰의 역할일 것이다. 그렇지 않고 여전히 '국회에서 법을 바꿔야만 내가 집행할 수 있어'라고 한다면 바뀔 수 있는 것은 아무것도 없다. 이는 비단 경찰에만 해당하는 이야기가 아니다. 검찰이든 법조계의 판사들이든 시대 변화에 따른 범죄 흐름과 유형 변화에 발맞춰 적극적으로 변화의 속도를 내야 한다.

매년 아동 학대와 살인이라는 끔찍한 사건이 발생해 우리로 하여금 울분을 금치 못하게 한다. 그리고 사건이 발생하면 즉시 그에 따른 대책이 논의된다. 그런데 문제는 그걸로 끝이라는 것이다. 수년 전부터 변함없이 그래왔다. 답보 상태로 머물러 있다가 또다시 유사 범죄가 발생하면 그때 또 호들갑스럽게 대책을 논의한다. 그러면서 서로 국가 기관의 책임이네, 법의 적용이 어렵네 하는 식의 변명을 늘어놓는다. 현장에서 일하고 있는 경찰관들이 그에 따른 문제점을 적극적으로 개진하고, 그리고 그것에 대한 사회적 논의가 이루어져 속도감 있게 법이 변화할 수 있는 환경으로 바뀌어야 한다고 생각한다.

가끔 범죄 현장에서 두려움을 느끼지 않느냐고 묻는 분들이 있다. 사실 범죄자나 범죄 현장에서 느끼는 두려움보다는 피해자와 피해자의 가족들이 겪는 그 순간의 고통들, 영원히 회복되지 않을 그 고통을 목격하는 것이 훨씬 더 힘들다. 범인을 검거하는 것이 나의 역할이지만 피해자와 가족들이 겪는 고통을 마주하는 순간에는 한없는 죄책감과 고통이 동시에 밀려든다. 특히 아동을 대상으로 한 범죄 현장을 마주했을 때 참을 수 없는 분노와 고통을 경험한다.

세상에는 그 어떤 사건도 가벼운 사건은 없다. 보통 '살인 사건과 사기 사건은 다르지 않나?'라고 생각할 수 있다. 혹시라도 '사기를 당했다고 해서 그렇게 치명적인 상처와 고통을 받는 것은 아니지 않느냐'고 생각하는 분이 있다면 그것은 피해자의 입장이 되어보지 않아서 쉽게 하는 말이다. 피해 당사자가 되어보지 않으면 누구도 쉽게, 그리고 가볍게 범죄의 경중을 따질 수 없다. 그 어떤 범죄도 사소하고 가벼운 것은 없다.

알아두면 유용한
5가지 범죄심리

휴리스틱,
단순한 의사결정의 함정

2003년에 유영철이 체포되면서 많은 심리학자들이 모여 세미나를 한 적이 있다. 한국에도 연쇄살인범이 등장했다는 사회적 충격 여파로 개최된 세미나였다. 당시 나는 프로파일러로서의 경험이 그리 많지 않을 때였다. 숱하게 범죄 현장을 다니면서도 여전히 범죄 행동을 이해하기 어려웠고, 게다가 처음으로 경험한 연쇄살인범을 어떻게 분석하고 어떻게 수사해야 할지 막막했다.

세미나에 모인 여러 학자들이 다양한 이론을 설명했다. 그때만 해도 '저런 이론으로 어떻게 범죄자들을 잡을 수 있을까?' 하는 어리석은 생각이 없지 않았다. 세미나가 끝나고 연세가 지긋하신 은퇴한 교수님이 내게 이렇게 물으셨다. "이론과 실제가 같다고 생각하는가?" 그래서 내가 대답했다. "아닌 것 같습니다. 제가 현장에서 보니까 이론만 가지고는 도무지 범죄자의 행동을 이해할 수가 없습니다." 그러자 그분이 아주 명쾌한 답을 내놓으셨다. "이론과 실제는 반드시 같은 거야. 틀리다면 둘 중에 하나가 잘못된 거지. 다시 말해서 이론을 얼마나 잘 이해하고 현장에 응용하느냐가 관건이지, 그 둘이 분리되어 있지는 않아." 이후 나는 정말 열심히 이론을 공부했다.

범죄에 관해 기본적으로 알아두면 도움이 될 만한 다섯 가지 이론을 소개할 텐데, 사실 이 이론들은 범죄심리학 이론이라기보다는 심리학과 사회학 영역에서 더 많이 알려져 있는 이론들이다. 그리고 이 이론들이 범죄를 완전하게 예방해주는 것 또한 절대 아니다. 다만 범죄자들의 입장에서 그들이 어떻게 생각하고 판단하는지를 이해하면 우리가 범죄를 예방하고 대처하는 데에 도움이 되는 것은 분명하다.

첫 번째 소개할 이론은 휴리스틱heuristic이다. 휴리스틱은 행동경제학에서 제시된 이론 중 하나로 내가 생각하고 판단하는 것들에 영향을 주는 요인들을 말한다. 휴리스틱은 의사결정 과정을 단순화해 만든 지침으로, 완벽한 의사결정이 아니라 이용할 수 있는 정보를 활용해 실현 가능한 결정을 하려는 것이 목적이다.

일상을 살아가다 보면 수많은 변수들을 일일이 검토해 결정을 내리기가 어렵다. 그렇기 때문에 우리는 종종 '이 정도면 이렇게 결정해도 될 것 같아'라고 생각하게 된다. 대표적으로는 이용가능성 휴리스틱availability heuristic과 대표성 휴리스틱representativeness heuristic, 기준점과 조정 휴리스틱anchoring and adjustment heuristic이 있다.

첫째, 이용가능성 휴리스틱은 머릿속에 즉각 떠오르는 정보나 사례를 바탕으로 해당 사건이나 사례가 일어날 확률이 더 높다고 여기는 인지적 경향을 의미한다. 예를 들어 어떤 사안이 발생하면 얼마 전에 내가 뉴스에서 봤는데, 혹은 누구 SNS에서 봤는데, 어떤 유튜브에서 봤는데 하면서 최근에 일어났던 일들을 그와 연결시켜 판단해버리는 것이다.

이용가능성 휴리스틱의 대표적인 경우는 이미지화의 용이성이다. 예를 들어 우리나라에는 연쇄살인범에 대한 이미지가 존재하지 않았었다. 강호순 사건이 드러나기 시작한 시점은 크리스마스를 앞두고 있던 12월 중순 무렵부터였고, 그때부터 실종 사건이 일어나기 시작했다.

그때 나도 경기경찰청에 투입되었는데, 현장에 가보니 수사관들이 유흥업소나 집을 찾아다니며 탐문 수사를 하고 있었다. 매일 뉴스마다 그 지역에서의 실종 사건이 보도되고 있었지만 연말연시다 보니 거리에는 들뜬 사람들로 가득했다. 아직 연쇄살인범에 대한 이미지를 가지고 있지 않던 때여서 사람들은 그것이 얼마나 끔찍하고 위험한 범죄인지를 실감하지 못하고 있었던 것이다.

강호순이 체포되고 한 달 정도 지났을 즈음 다시 그 지역에 가게 되었는데 정작 그때는 거리에 사람들이 거의 없었다. 우리의 상식적인 판단과 행동에 반하는 현상이었다. 범인이 검거되기 전에는 위험을 느껴 돌아다니는 사람이 없고, 범인이 체포되고 난 뒤에는 안심이 되어 돌아다니는 사람들이 많아질 거라는 우리의 일반적인 생각과는 전혀 다른 현상이 나타난 것이다.

강호순이 검거되면서 뉴스마다 대대적으로 보도를 했고, 피해자의 시신을 발굴하는 장면들이 보도되자 그때서야 사람들은 '저런 흉악범이 우리 동네에 살았다니', '저런 천하에 몹쓸 놈이 우리 가까이에 있었다니' 하면서 두려움과 공포를 느끼게 되었고, 그러면서 연쇄살인에 대한 이미지가 만들어지기 시작한 것이다.

둘째, 대표성 휴리스틱은 불확실한 상황에서 어떤 사건이 전체를 대표한다고 간주해 이를 통해 빈도와 확률을 판단하는 것을 의미한다.

셋째, 기준점과 조정 휴리스틱은 휴리스틱 이론 중 가장 핵심이라고 말할 수 있다. 자신이 알고 있는 임의의 기준을 설정한 후 적절하다고 생각하는 것에 맞게 의사결정을 내리는 방식이다. 마치 정박 효과^{anchoring effect}처럼 한 지점에 닻을 내린 배가 일정한 범위 내에서만 움직이는 것과 같다. 사건 초기에 수사를 진행하면서 수사관들이 많이 하는 실수 중 하나이기도 하다.

예를 들어 한 아이가 실종되었다고 가정해보자. 탐문 수사를 하기 위해 아이 아버지를 찾아가 "아드님은 평소 어떤 아이였습니까?"라고 묻는다. 이때 아이 아버지가 아이가 내성적이라거나 친구들과 어울리기보다는 집에서 혼자 책보는 걸 좋아한다고 진술했다고 해보자. 그러면 수사관은 '이 실종 사건은 아이가 모르는 사람을 따라갔다기보다는 아는 사람을 따라갔을 가능성이 크다'는 식의 자기 기준점을 만들고, 나아가 그 기준점에 부합하는 정보만을 수집하는 오류를 범하게 된다. 어떤 면에서는 확증편향과도 맥락을 같이한다고 볼 수 있다.

확증편향, 보고 싶은 것만 보고
믿고 싶은 것만 믿는다

두 번째 소개할 이론은 확증편향confirmation bias이다. 확증편향은 자신의 가치관이나 신념, 판단에 부합하는 정보에만 주목하고 그 외의 정보는 무시하는 사고방식을 말한다. 오늘날 우리

2강 악의 마음을 읽으면 범죄를 억제할 수 있다

사회에 두드러진 현상 중 매우 염려스러운 부분이 알고리즘에 의한 확증편향이다. 무작위적인 정보 속에서 어떤 패턴을 찾아내 그것에 국한된 정보만을 제공하는 것이다. 그 결과 우리는 알고리즘이 제시하는 정보 내에서 내가 보고 싶은 것만, 내가 관심이 있는 것만 보게 된다.

포털 사이트나 SNS, 쇼핑몰 등 온라인상에서의 거의 모든 환경이 우리의 선택을 제한하고 있다. 사회적으로 심각한 문제가 되고 있는 가짜 뉴스 역시 확증편향의 부정적인 예라고 할 수 있다. 작은 것을 부풀려 해석하는 것, 모호하고 일관성 없는 정보를 특정한 의도와 기대에 따라 편향되게 평가하는 것도 확증편향에 해당한다.

오늘날 우리는 내가 갖고 있는 편향된 생각들을 계속 유지해나갈 수밖에 없는 환경에 살고 있기는 하지만 그렇더라도 대부분의 사람들은 그런 환경을 잘 극복하며 살아간다. 문제는 확증편향이 시작되면 역화 효과backfire effect에서 벗어나기가 어려워진다. 역화 효과는 내가 믿고 있는 신념에 반하는 증거를 알게 되었을 때 그 신념을 바꾸기보다는 신념을 더욱 강화하는 심리다. 이러한 심리는 사이비 종교나 보이스피싱 피해자들에게서 쉽게 찾아볼 수 있다.

사이비 종교 집단 내에서는 지금 이 순간에도 여전히 전형적인 가스라이팅과 그루밍이 자행되고 있다. 우리가 흔히 '어떻게 저런 터무니없는 교리와 주장을 믿고 따를 수가 있지?'라고 생각하지만 기준점 휴리스틱과 확증편향의 심리적 기제들을 토대로 그 안을 들여다보면 피해자들이 왜 그렇게 당할 수밖에 없는지 조금은 이해할 수 있다.

보이스피싱 피해자도 마찬가지다. 주변 사람이 '아무래도 그건 좀 아닌 것 같다'며 의심스러운 점에 대해 구체적으로 꼬집어 설명을 해줘도 당사자는 자신이 처한 상황이 보이스피싱이라는 것을 믿지 않는다.

귀인 이론,
내 탓인가 남의 탓인가

세 번째는 귀인 이론attribution theory이다. 귀인 이론은 자신이나 타인의 행동, 대화 등의 원인을 찾아내 특정한 것으로 귀속시키는 과정을 말한다. 그럼으로써 사람이나 사물이 가지고 있는 고유한 지속성, 속성, 경향성을 추측하는 과정이다. 어떤 사건의 원인을 무엇이라고 생각하는가에 따라 개인의 감정과 미래 수행 기대, 동기 등이 달라질 수 있다. 예를 들어 누군가 나를 바라보면 그가 나를 좋아하기 때문이라거나 혹은 혐오하기 때문이라고 생각하는 경우다.

귀인은 크게 내적 통제형과 외적 통제형으로 나눌 수 있다. 내적 통제형은 인간을 통제하는 사회적 사상의 원인을 그 사람 자신의 행위나 내적 통제(능력, 노력)에 의한 것으로 인지한다. 반면 외적 통제형은 그것을 눈에 보이지 않는 우연이나 운, 기회와 같이 타자의 힘에 의한 외적인 조건으로 인지한다. 쉽게 말해 사건의 원인을 내적 통제형은 '내 탓'으로, 외적 통제형은 '남의 탓'으로 인지하는 경향이다.

내적 통제형의 행동 특성은 사회적 사상이 나에게만 있다고 생각하는 것이다. 하지만 이러한 사고가 반드시 '좋은 성격'은 아니다. 성격은 모두 다른 장단점을 가지고 있다. 내적 통제형은 정서적 안정감과 함께 타인을 상대로 우월감과 자신감이 많다.

그렇기 때문에 내적 통제형은 어떤 부정적 결과에 대해 내가 다른 사람보다 더 노력하지 않았기 때문이라고 생각한다. 이들은 욕구 불만을 잘 참아내고, 타자에게 호감을 주며, 자존감이 높고, 현명하고 합리적인 일 처리 능력을 가지고 있으며, 자립심이 강하다.

대체적으로 사회 적응 능력이 높고, 불안감이 낮으며, 동료나 주변 사람들과 원만한 사회적 관계를 유지한다. 성공 욕구가 강해서 과도하게 자기 능력 이상의 수준을 설정하지 않는다. 내적 통제는 자신감, 자존감, 우월감, 성취 욕구 등이 행동으로 나타나는 것이다.

외적 통제형의 특성은 타자의 힘을 빌려 고민을 해결하려는 행동이 강하며, 소외감과 불안감이 커서 요구 수준이 불안정하다.

외적인 힘에 의해 욕구 좌절^{frustration}을 경험하면 공격성을 띠게 되고, 적대감의 방어기제가 작동한다. 이들은 대체적으로 권위주의적이고, 신념에 맞지 않으면 거부적 반응을 보인다. 독단적이고 신뢰가 없으며 타인에 대한 의심이 많고 자신감과 통찰력이 결여되어 있다. 뿐만 아니라 사회적 인정 욕구 또한 부족하다.

　욕구 불만에 대해 억제 불안(불안으로 인해 행동이 억제되어버리는 것)이 높다. 어떤 일을 시작하면 타인에 대한 의존이 강하기 때문에 불안이 심해지고, 이로 인해 자신의 능력을 잘 발휘하지 못한다. 대인적 긴장이 높기 때문에 고독감과 과민성이 크고 충동적 경향이 강하다. 역사적으로 중요한 인물에게 동조하는 경향이 높고, 외적 힘이 있는 개인에게 동조하는 경향 또한 높다.

　불행이 닥치면 내적 통제형은 자신의 실수라거나 노력이 부족한 결과로 인식하는 반면, 외적 통제형은 자신이 불운해서 그렇다고 인식한다. 대부분의 범죄자들은 외적 통제형인 경우가 많다.

　심리학적 방어기제인 투사projection는 결과의 원인이 상대방에게 있다고 생각하는 것이다. 외적 통제형은 보다 포괄적인 개념으로서 부정적 결과의 원인이 기회의 박탈, 출신에 대한 사회적 편견 때문이라고 인식한다. 지존파나 막가파, 온보현 사건 등의 조직범죄에서 나타난 심리적 특성 또한 이러한 사회적 환경과 함께 설명할 수 있다.

자기효능감,
바닥일 때 드러나는 범죄 성향

네 번째는 자기효능감$^{self-efficacy}$이다. 우리는 일상에서 자존감에 대한 이야기를 아주 많이 한다. 그런데 같은 사람이라도 자존감이 높을 때가 있는가 하면 바닥으로 떨어질 때도 있다. 중요한 것은 무너진 자존감을 회복시키기 위해 스스로 노력하며 살아가는가 하는 것이고, 그것이 곧 건강한 삶이다. 그런데 자존감보다 더 우리를 괴롭히는 감정이 있다. 바로 자기효능감이다.

자기효능감은 자신이 무엇인가를 성공적으로 해낼 수 있다고 믿는 기대와 신념이다. 자기효능감이 높으면 새로운 시도를 주저하지 않고 현실적이고 이상적인 목표를 설정해 꾸준히 노력해 성취를 달성한다. 반면 자기효능감이 낮으면 새로운 도전을 시도하거나 실패를 경험했을 때 자신의 능력에 귀인하는 경향이 커서 포기와 실패를 반복한다.

실제 범죄가 동기화되어 가는 초기 과정에는 이 자기효능감이 매우 낮은 상태다. 무력감, 박탈감, 배제감 등이 서로 뒤

엉켜 자기효능감을 점점 더 바닥으로 끌어내린다. 그런데 문제는 '내 능력은 여기까지야. 이게 나의 한계야'라고 생각하며 거기에 머무르는 것에 그치지 않는다는 데에 있다. 마음 한구석 깊은 바닥까지 추락해 있던 자존감을 회복하고 효능감을 높이고 싶은 욕구를 충족시키기 위해 타인을 이용하는 것이다. 가스라이팅이나 그루밍, 성착취 등이 그 대표적인 범죄라고 할 수 있다.

이상심리,
나도 어찌지 못하는 내 마음

다섯 번째는 이상심리abnormal mentality다. 범죄자들의 심리를 분석할 때 가장 많이 활용되는 이론이 바로 이상심리다. 이상심리는 정신병, 신경증, 성격장애, 적응장애까지 인간의 정서·인지·행동 사고의 문제를 포괄적으로 지칭한다. 그렇다면 '이상'하다는 것을 정의하기 위해서는 '정상normal'의 개념을 먼저 알아야 한다. 구체적으로 예를 들어보면 이렇다.

첫째, 자기 주위에서 무엇이 일어나고 있는가에 대한 해석이 현실적으로 가능하다.

둘째, 자신의 동기motivation와 감정에 대해 인식하고 있다.

셋째, 필요하다면 자신의 행동을 적절히 통제할 수 있다.

넷째, 자신의 가치에 대해 진가를 인정하고 주위 사람들로부터 수용감을 느낀다.

다섯째, 다른 사람과 친밀한 관계를 맺으며 생활한다.

여섯째, 자신의 능력을 생산적인 활동에 적절히 이용할 수 있다.

예시에서처럼 현실적 인식과 적절한 통제, 사회 구성원으로서 수용감을 통한 보편적 자존감을 가지고 있으며, 타인과의 교류를 통한 생산적 활동과 사고를 가지고 있을 때 우리는 보통 정상이라고 이야기한다. 반면 이러한 사회 문화에서 벗어나는 경우를 이상하다고 말한다. 구체적인 예를 들어보면 이렇다.

첫째, 통계적 빈도상 사회의 본보기가 되는 규준에서 벗어나는 드문 행동을 할 때

둘째, 사회에서 용인하는 규준에서 크게 이탈하는 행동을 할 때

셋째, 개인의 행동이 자신이나 사회에 나쁜 영향을 줄 때(음주로 인한 폭력이나 분노감 표출 등)

넷째, 주관적인 감정 측면에서 자신의 고통을 지나치리 만큼 심하게 받아들일 때

이 중에서도 네 번째 예시는 범죄자들의 심리를 분석하는 데에 크게 도움이 되는 대표적인 경우다. 말 그대로 지극히 주관적으로 경험하는 감정이다.

나는 남매로 구성된 미국의 팝그룹 카펜터스를 아주 좋아한다. 어릴 때부터 그들의 음악을 들으면서 자라왔는데, 어느 날 여동생 카렌 카펜터스가 세상을 떠났다는 소식을 듣게 되었다. 사인이 거식증으로 인한 아사였다. 그녀는 늘 자신이 너무 살이 쪄서 비대하다고 생각했고 강박적으로 음식을 거부하다 결국 안타까운 죽음을 맞이하고 말았다.

하지만 그녀를 보면서 살이 쪘다고 생각하는 사람은 아무도 없었다. 사람들의 그런 시선과는 달리 그녀는 자신이 음식을 거부해야 할 만큼 살이 쪘다고 생각했다. 지극히 주관적인

감정에서 자신은 비대하다고 생각하며 그로 인한 괴로움에 시달렸던 것이다.

이상심리는 한마디로 말해 그렇게 바라보지 않았는데도 그렇게 바라봤다고 생각하는 것이다. 그래서 분노하게 되고 그 부정적인 분노의 감정을 표출하기 위해 사람들을 공격하는 행동으로 이어지는 메커니즘을 갖게 된다. 이러한 이상심리를 드러내는 정신병이나 신경증, 성격장애, 적응장애 등이 범죄로 이어지는 경우는 흔하게 일어난다.

하지만 정신질환을 앓고 있더라도 치료가 적극적으로 진행된다면 사회적으로 낙인을 찍을 만큼 크게 위험하지는 않다. 그렇기 때문에 범죄를 예방하기 위해서라도 사회적으로 선행되어야 하는 것이 바로 적극적인 치료다.

문제는 치료를 중단했을 때 나타나는 현상이다. 조현병과 관련된 수많은 사건을 담당하면서 범죄자들을 면담한 결과 치료를 중단하고 3개월 정도가 지나면 공격성이 급격히 높아지는 등의 위험한 상황이 전개되는 경우가 많았다. 왜 이러한 일이 반복될까?

환자가 어렸을 때는 부모나 가족들이 주도적으로 치료를

시킨다. 입원을 시키기도 하고 심리 상담이나 약물 치료 등 여러 방법을 동원해 적극적으로 치료에 개입한다. 하지만 환자가 점차 나이가 들어가면 이를 돌보는 가족들은 점점 무기력해진다. 지친 가족들이 해체되어버리면 결국 혼자 남게 된 환자는 고립을 경험하면서 치료가 중단되고 차츰 병세가 악화되어 범죄를 저지르는 상황에까지 이르게 된다. 복지 시스템 등의 사회적 기능과 역할이 심도 있게 논의되어야 하는 것도 바로 이러한 이유 때문이다. 이는 결코 개인 한 사람의 문제가 아니다.

그런데 성인의 경우 환자의 동의 없이는 입원이 불가능하다. 그래서 적절한 치료시기를 놓치고 안타까운 범죄로 이어지는 경우가 종종 있다. 이렇게 법이 강화된 데에는 1980년대를 거치면서 이를 악용하는 사람들이 있었기 때문이다. 하지만 이제는 법이 조금 수정되어야 한다고 생각한다. 조현병이나 망상 질환이 있는 환자는 가족이나 주변의 도움 없이 스스로 치료나 입원 결정을 판단하고 선택하기가 어렵기 때문이다.

실제로 누군가 흉기를 들고 사람들을 위협한다는 사건 신고가 들어와 현장에 나가보면 조현병 증상이 의심되는 경우가 있다. 그때 응급으로 병원에 입원을 시키게 되는데, 그러면 의사가 진단을 하고 그에 따른 치료약을 처방한다. 여기까지는 가족의 동의 없이도 가능하다.

그런데 문제는 그렇게 72시간이 지나고 나면 가족이나 본인의 동의 없이는 더 이상 입원 치료가 불가능하다는 점이다. 그러면 그 환자는 다시 관리받지 못하고 원래의 상태로 돌아가게 된다. 살다 보면 누구든 이러한 질환에 노출될 수 있다. 그게 나일 수도 있고 내 가족이나 이웃일 수도 있다. 그렇기 때문에 중요한 것은 얼마나 적극적으로 치료를 해나가느냐 하는 것이다. 그리고 거기에 절대적으로 필요한 것이 주변의 도움이다. 그것이 우리가 우리를 보호하는 일이며, 사회를 범죄로부터 지키는 일이다.

물론 범죄 통계를 비교해보면 정신질환자들의 범죄는 전체 범죄의 1퍼센트도 되지 않는다. 오히려 성격장애나 왜곡된 귀인, 사회적 무력감 등이 강한 사람들이 훨씬 더 범죄율이 높다. 그럼에도 우리가 위험하다고 하는 것은 그들의 행동이 예측 불가능하기 때문이다.

2강   악의 마음을 읽으면 범죄를 억제할 수 있다

호주에는 지역명령 제도라는 것이 있다. 그래서 어떤 사람이 누가 봐도 정신적으로 위험해 보이면 그 지역의 경찰, 정신과 의사, 임상 심리학자, 지역 주민 대표들이 모여 회의를 한다. 환자를 보호하고 지역의 안전을 위해 강제 입원을 명령하는 제도다. 그리고 그에 따른 치료비는 국가에서 부담한다. 우리도 정신질환을 언제까지 개인이나 가족의 책임으로 돌릴 수만은 없다. 그러기에는 한계가 있기 때문이다. 정신질환자를 방치하는 것은 범죄를 예방하고자 하는 목적이나 의도에 반하는 일이다.

성격장애는 미국 정신과 협회에서 출간하는 DSM-5, 즉 『정신장애에 대한 진단 체계인 정신장애 진단 및 통계 편람 Diagnostic and Statistical Manual of mental disorders』 제5판에 따라 세 개의 집단으로 나눌 수 있다.

A 집단: 편집성, 분열성, 분열형–괴짜 행동, 동떨어진 경향성

B 집단: 히스테리성, 자기애성, 반사회성, 경계성, 연극성–극적이고 감정적, 변덕

C 집단: 회피성, 의존성, 강박성–불안, 근심, 두려움

이상심리의 성격장애 요소들을 보면 사람마다 얼마든지 '어, 나도 좀 저런데?' 하거나 '나도 약간 강박적인 성향이 있는데?', '나도 좀 불안도가 높은데?'라고 생각할 수 있다. 그렇다고 해서 모든 성격장애로 판단하지는 않으며, 그런 성향으로 인해 사회생활이 어려울 정도로 지장을 받는다면 그때는 장애라고 이야기한다. 그런 경향성은 있지만 살아가는 데에 큰 불편이 없다면 그냥 약간 그런 성향의 사람이라고 이해하면 된다.

이상심리학에서 아주 중요하게 여기는 것 중 하나가 몇 가지 단서만으로 자신을 정의해서는 안 된다는 것이다. 우리가 무심결에 '나는 강박증 환자야'라거나 '너는 약간 강박증 환자 같아'라는 말을 반복한다면 그 사람은 정말 그렇게 행동하게 된다. 그래서 자신이든 타인에게든 함부로 너는 편집증이야, 너는 회피성이야, 너는 강박증이야 하는 식으로 정의해서는 안 된다.

세 개로 나눈 성격장애 집단 가운데 C 집단에 회피성이 속해 있는데, 아동 성범죄자들 중에는 이 회피 성향이 높은 사람들이 많다. 이러한 성향의 특성은 거절당하는 것을 극도로 두려워한다는 점이다. 그래서 성인 여성을 상대로 자신이 무언가를 제안했을 때 거절당하는 것이 두려워 아동을 대상으로 범죄를 저지르는 경우가 많다. 그들의 심리를 들여다보면 범죄가 동기화되는 과정을 찾아볼 수 있다.

마음을 읽으면
비로소 보이는 것들

아이들은 왜
죄책감에 사로잡힐까

유아·청소년기의 범죄에 관련된 교육이 더 적극적으로 이루어지기를 바라는 부모들의 요청이 아주 많다. 나 역시 백퍼센트 공감한다. 이러한 요구가 많아진다는 것은 우리 아이들이 그만큼 많은 범죄에 쉽게 노출되고 있다는 것을 의미한다. 특히 동물 학대나 자해 사이트에 노출되는 경우는 그 폐해가 심각한 수준이다.

연쇄살인범들 중에는 성장기에 동물 학대를 경험한 사람

의 수가 아주 많다. 자신의 부정적인 감정을 표출할 때 우선적으로 자기보다 약한 상대를 선택하게 되는데 그 대상이 비둘기나 강아지, 고양이 등 주변에서 흔히 마주하는 동물인 경우가 많다.

부정적인 감정을 이러한 공격 방식으로 표출하는 것이 학습되면 성인이 되어 사람들과의 관계에서 갈등이 생겼을 때도 그것을 합리적으로 해결하기보다 어릴 때 동물을 학대하고 살해했던 것과 같은 방식으로 갈등의 원인을 제거하려는 경향이 강해진다.

고유정도 그렇고 강호순이나 정남규 같은 연쇄살인범도 마찬가지로 성장기에 갈등과 분노 등의 감정을 제대로 해소하지 못하고 성장하다 보니 성인이 되어서도 같은 방식으로 갈등과 분노를 해결하려 했고, 그것이 결국 범죄로 이어진 것이다. 유아·청소년기에 범죄에 관한 교육이 적극적으로 이루어져야 하는 이유도 이 때문이다.

그런데 현대 사회일수록 아이들에게 지워지는 짐이 너무 무겁다. 그렇다 보니 아이들은 점점 더 많은 스트레스와 갈등 상황에 놓인다.

예를 들어 열심히 공부를 하다 보면 당연히 친구랑 놀고 싶기도 하고 게임도 좀 하고 싶은 마음이 생긴다. 그래서 엄마 몰래 게임을 하기도 하고 친구와 놀고 오기도 한다. 그런데 이때 아이들의 마음속에는 '아, 재미있게 놀았다'가 아니라 '친구들은 다 공부하는데 나만 엄마 몰래 놀고 와서 어떡하지?'라는 죄책감이 자리한다. 하지만 어른들은 아이들의 이러한 마음 상태를 잘 알아채지 못한다.

아이들과 직접 대화를 나눠보면 자기가 하고 싶은 것을 했을 때 의외로 죄책감을 갖는 경우가 많다. 부모님한테 미안하고, 자기가 이렇게 죄책감을 갖는 것 자체가 너무 힘들다는 것이다. 그때 '너무 그렇게 미안해하지 않아도 되고, 지금 네가 그렇게 힘든 게 모두 네 잘못 때문만은 아니다'라고 말해주면 아이들은 눈물을 펑펑 흘린다.

누군가 나의 마음을 헤아리고 공감해주는 이러한 따뜻한 감정을 경험하는 것은 나로 하여금 타인을 상대로 한 공감 가능성을 매우 높여준다. 이러한 공감들이 겹겹이 쌓이면 사회적 단절에서 비롯되는 '묻지마' 범죄 등을 본질적으로 예방하는 초석이 된다.

사랑하기 때문이라는
착각

부정적인 심리가 범죄로 이어지는 또 다른 경우를 살펴보자. 가스라이팅을 당하는 사람들은 대체적으로 공감 능력이 높을까?

꼭 그런 것은 아니지만 대체적으로 공감 능력이 높게 나타나는 성향을 가지고 있다. 건강하지 못한 관계에 대해서는 재빠른 단절이 필요하다는 것을 머리로는 알지만 그것을 행동으로 옮기기는 쉽지 않다.

여기서 분명히 해둘 것은 가스라이팅을 당하면서도 거기에서 헤어 나오지 못하는 것은 절대적으로 가해자가 교묘하고 교활하기 때문이지 결코 피해자에게 문제가 있어서가 아니라는 사실이다. 그래서 가스라이팅은 그 어떤 사건보다 주변 사람들의 도움이 절실하다.

예를 들어 친하게 자주 어울리던 친구가 갑자기 연락이 줄어든다거나 끊길 경우가 있다. 이렇다 할 이유 없이 주변 사람들과의 만남이나 대화를 차단했다면 위험한 상황이 아닌지 의심해봐야 한다.

가스라이팅 가해자들은 정보를 차단하는 것이 첫 번째 목표이기 때문에 피해자가 무슨 일을 당하고 있고 누구와 접촉하고 있는지 등이 절대 주변에 노출되지 않도록 하는 데에 집중한다. 자신이 타깃으로 삼은 상대방이 주변 사람들로부터 조언을 듣거나 도움을 받을 수 있는 기회를 철저하게 차단하는 것이 그들이 노리는 첫 번째 전략이다. 피해자의 인간관계를 야금야금 소멸시키는 것이다.

그래서 주변 사람 중에 갑자기 이 같은 상황이 의심되는 징후가 보인다면 그 사람 스스로 어떤 상태와 상황에 놓여 있는지를 말할 수 있는 기회를 만들어주어야 한다. 본인은 이미 가스라이팅에 스며들어 있기 때문에 자신의 상황을 객관적으로 판단하기 어렵다.

대부분의 피해자들은 가스라이팅이 아니고 그 사람이 나를 정말 사랑하기 때문에 나를 지키고 보호하고 있는 거라고 생각한다. 누군가에게 자신이 가스라이팅을 당하고 있다고 말한다면 그것은 그 상황에서 어느 정도 벗어난 상태라고 판단할 수 있다.

나를
돌보는 시간

범죄를 차단하기 위해서는 사소한 좌절을 끊어내고 불편한 감정을 나누는 것이 중요하며, 개인의 감정 조절을 돕는 사회적 안전망도 필요하다. 하지만 개인의 사소한 감정을 나눌 수 있는 기회를 만든다는 것이 좀처럼 쉬운 일은 아니다. 그래서 본인의 의지와 노력이 조금 더 필요하다.

주변 사람들이 종종 내게 이렇게 묻곤 한다. "아니 그 많은 스트레스를 어떻게 해소하십니까?" 물론 해소하지 못한다. 그래서 결국 질병이 찾아오기도 하는데, 그럼에도 삶을 유지할 수 있는 것은 가족과 동료, 즉 나를 둘러싼 사람들과의 유대와 교감의 시간이 있기 때문이다. 이 시간은 범죄에서 해방되는 시간이기도 하지만 내가 혼자가 아니라는 것을 확인하는 시간이기도 하다.

예를 들어 일주일에서 열흘씩 수사본부에서 일을 하고 나오면 그 피로감과 스트레스가 이루 말할 수 없을 정도다. 그러다가도 동료들과 함께 밥을 먹고 차를 마시는 시간을 갖다

보면 서로의 고충을 함께 나누면서 자연스럽게 해소되는 부분들이 있다. 그리고 동료들과 헤어져 집으로 돌아가면 또 나를 반기는 가족들의 온기 속에서 다시 에너지를 얻는다.

이러한 일상을 통해 우리의 뇌는 자연스럽게 세로토닌을 분비하고 우리는 순간순간 행복감을 느끼게 된다. 스스로의 삶을 이렇게 돌보고 가꾸려 노력하는 것 자체가 나 자신을 급작스런 분노와 공격성에 최대한 노출되지 않게 하는 하나의 방법이다.

우리 사회에서 범죄자를 상대로 하는 교화는 얼마나 실효성이 있을까? 많은 경우 교화를 기대하기 어렵고 오히려 재범률이 높아지는 사람들도 많다는 것이 훨씬 더 우려되는 부분이다. 그래서 더더욱 범죄에 대한 연구가 절실할 수밖에 없다. 왜 범죄가 일어나는지, 어떤 유형의 범죄가 많아지고 있는지, 어떻게 하면 그런한 범죄를 차단할 수 있는지 등에 대한 연구가 다양하게 이루어져야 한다.

예를 들어 성폭력 범죄자들을 대상으로 하는 치료 프로그램이 있다. 판사들이 성폭력 범죄자들을 상대로 100시간씩, 150시간씩 성폭력 치료 프로그램을 이수하라는 명령을 내린다.

그런데 성폭력 치료 프로그램을 운영하는 전문가들이 과연 우리나라에 몇 명이나 될까? 그 수도 턱없이 부족할 뿐더러 이러한 프로그램이 재범을 예방하는 데에 얼마나 효과적일까 하는 의구심을 떨치기가 어렵다. 물론 전혀 시도하지 않는 것보다 나을 수는 있겠지만 성적 공격성을 얼마나 낮출 수 있는지는 의문이다. 그만큼 이와 관련된 연구가 부실하고, 이를 제대로 해낼 수 있는 전문가도 부족하다는 뜻이다.

현대 사회에 펼쳐지는
기묘한 악인전

오늘날 업데이트되는 범죄의 형태

—

지금 이 순간에도 어디에선가 끔찍한 범죄에 방치되어 있는
누군가가 도움의 손길을 간절히 기다리고 있을지도 모른다.

악의 마음은
어떻게 자라나는가

아동 학대, 피해자가 가해자가 되는
폭력의 대물림

아동 학대의 이유는 다양하다. 그중에서도 자신의 분노를 아이들에게 무차별적으로 표출하는 유형은 자신의 삶이 힘든 원인이 아이에게 있다는 왜곡된 생각을 가지고 있다. 저항할 수 없는 유약한 아이들에게 분노의 감정을 표출하는 잔인한 범죄다. 그리고 이러한 경우 대부분 자신 스스로 누군가로부터 학대받은 경험을 가지고 있다.

많은 학대 피해자들은 성인이 된 후 자신의 비극적인 삶이 반복되지 않도록 하기 위해 노력한다. 그리고 타인에게 선한 영향력을 주려는 노력을 하며 살아간다. 하지만 일부 피해자들은 그 폭력을 마치 삶의 방식 중 하나인 양 인식하며 폭력 자체를 자신의 삶 속에 일상화 시킨다.

결국 그들은 자신의 자녀에게 할 수 있는 유일한 훈육 방식은 오직 폭력뿐이라고 생각한다. 자신이 폭력적 학대를 당하면서 가해자의 의도에 따라 태도를 변화시키고 가해자의 의도에 따라 생각하려고 노력했던 비극적 경험이 토대가 되어, 폭력을 행사했을 때 나타나는 자녀의 태도 변화를 훈육의 결과라고 생각하는 것이다.

현직에 있을 때도 그랬지만 퇴직한 뒤에도 가장 많이 받는 질문 중 하나가 '인간에 대해 어떤 혐오나 부정적인 감정을 갖게 되지 않는가?' 하는 것이다.

실제로 나는 오랜 시간 동안 잔혹한 범죄 사건에 투입되었고, 끔찍하고 비참한 현장을 숱하게 목격했으며, 그 극악한 일을 저지른 범죄자들을 직접 면담하고 분석하는 일을 해왔다. 그럼에도 불구하고 나는 여전히 인간은 선하다는 생각을 가지고 있다. 일부 악의 집단이 아무리 사회를 어지럽혀도 절대 다수의 선한 사람들이 존재하기 때문에 우리 사회는 무너지지 않는다고 믿는다.

그런데 최근 들어 입에 담기조차 어려운 끔찍한 사건들이 연이어 발생하고 있다. 20개월밖에 안 된 어린아이를 사망에 이르게 한 잔혹한 사건이 발생하는가 하면, 데이트 폭력에서 비롯된 사망 사건도 있었다. 성범죄자가 전자발찌를 훼손하고 도망쳐 두 명의 무고한 사람을 살해하는 안타깝고 어처구니없는 일도 벌어졌다.

범죄에 대해 이야기할 때마다 안타까운 점은 사회적으로 보호받아야 할 약자가 유독 피해의 대상이 된다는 것이다. 특히 아무런 저항도 할 수 없는 어린아이들이 피해의 대상이 되는 경우 우리는 그 범죄에 대해 일말의 이해나 동정심도 가질 수 없게 된다.

현대 사회는 그야말로 악인전惡人戰이 펼쳐지고 있다고 해도 과언이 아니다. 특히 아동 학대와 자녀 살해 사건들이 끝없이 발생하고 있다. 어쩌면 지금 이 순간에도 어디에선가 끔찍한 학대 속에 방치되어 있는 아이들이 있지 않을까 하는 염려를 떨칠 수가 없다.

그런데 아동 학대 사건을 조금 자세히 들여다보면 하나의 특징을 발견하게 된다. '왜 아동 학대는 대물림되는가?' 하는 점이다.

얼마 전에 이모가 조카를 살해한 사건이 있었는데 나중에 알고 보니 가해자인 이모와 피해 아동의 친모인 두 자매는 어릴 적부터 가정폭력과 아동 학대에 시달려온 피해자들이었다. 결국 피해자가 가해자가 되는 안타깝고도 씁쓸한 사건이 일어나고 만 것이다.

이렇게 아동 학대가 대를 이어 반복되는 현상의 근본적인 이유로는 여러 가지가 있겠지만 핵심은 성장기 아이들에게 가해지는 훈육이라는 이름으로 포장된 잘못된 방식의 폭력이다.

폭력적인 방식으로 훈육을 했을 때 아이들의 교정 효과가 즉각적으로 나타난다고 생각하는 부모들이 많다. 하지만 그것은 진정한 교정이 아니다. 폭력 상황을 피하기 위한 순간적인 행동일 뿐이다. 그 어떤 폭력도 잘못된 행동이나 사고를 교정하지는 못한다. 그럼에도 불구하고 훈육이라는 이름 아래 폭력을 행사하는 부모들은 그것이 빠른 시간 안에 자기의 말을 잘 듣는 아이로 바꿔놓을 수 있는 꼭 필요한 양육 방법이라고 착각한다.

더 큰 문제는 피해를 당하고 있는 아이들조차도 스스로 그렇게 생각한다는 데에 있다. 최대한 빨리 폭력을 피하기 위해서는 부모들이 원하는 행동을 보여주어야 한다는 것을 반복적인 상황을 경험하면서 터득하게 된 것이다.

이러한 패턴은 하나의 사고로 굳어져 성장한 후에도 폭력이 문제 해결의 최선의 방법이라고 생각하게 된다. 그래서 실제로 학대를 당하거나 사망한 아이들이 어떤 특별한 행동이나 정서상의 심각한 문제를 가지고 있지 않는데도 불구하고 이와 같은 폭력이 발생하고 있다.

훈육이라는 그럴 듯한 이름의 폭력 상황에 노출된 아이들은 어른이 되어 결혼을 하고 자녀를 두었을 때 그 아이가 자신의 삶에 걸림돌이 된다거나 아이로 인해 스트레스를 받게 되면(심지어 아이가 밤에 운다는 이유만으로도) 무참히 아이를 살해하는 지경에까지 이른다. 어려서부터 그런 가정 환경에서 성장하다 보니 그것만이 유일한 갈등관계 해소 방법이라고 생각하기 때문이다.

동물 학대, 갈등관계를 해소하는
비뚤어진 선택

아동들이 저지르는 동물 학대도 아동 학대와 마찬가지로 성
인이 되었을 때 또 다른 범죄로 이어질 가능성이 크다. 앞에
서도 잠시 언급했던 것처럼 연쇄살인범들이 갖고 있는 공통
점 중 하나가 아동기나 성장기에 동물을 학대한 경험이 있다
는 것이다. 그렇다면 동물 학대 자체가 연쇄살인과 얼마나 직
접적인 관련이 있을까?

'연쇄살인범들은 반드시 동물 학대가 있었을 것이다, 동물
학대를 해야만 연쇄 살인범이 된다'는 식의 인과관계가 성립
하는 것은 아니다. 그런데도 연쇄살인범들에게서 동물 학대
전적이 많이 나타나는 것은 삶의 방식이 그렇게 자리잡아왔
기 때문이다. 성장기에 학대를 당하거나 비난을 받거나 부모
로부터 비교를 당하는 식의 외부 자극에 노출된 아이들은 그
아이들 나름의 심리적 갈등과 고뇌, 고통을 겪게 된다.

이러한 일이 벌어졌을 때 이를 합리적으로 해결하는 다양
한 방법들이 분명히 있다. 부모가 미리 그것을 알아차리고 대

화를 통해 해소할 수도 있고, 또는 이상 행동을 보였을 때 주변 사람들이 그 원인을 찾아 도움을 줄 수도 있다.

하지만 그런 적절한 방법들을 적용해 심리적 고통을 해결하지 못한 아이들은 결국 아무런 저항도 하지 못하는 연약한 대상, 즉 곤충이나 새, 동물들을 상대로 화를 분출한다. 심리학에서는 이러한 방어기제를 대상이 전치된다고 이야기한다. 누군가로부터 스트레스를 받으면 그 사람한테 직접적으로 표현을 해야 하는데 그렇지 못하다 보니 위협적이지 않은 다른 대상에게 화풀이를 함으로써 자신의 감정을 해소하는 것이다. 마치 우리 속담처럼 동쪽에서 뺨맞고 서쪽에다 분풀이를 하는 격이다.

자기에게 생겨난 부정적 감정들을 해소할 수 있는 방법이나 극복해나갈 수 있는 방법이 없다고 생각할 때, 또 부모로부터 학대당하고 있는 자기를 도와줄 사람이 아무도 없다고 느낄 때 아이들은 무기력한 상황에 빠지게 되고 결국 동물학대 등의 다른 돌파구를 찾아 자신의 감정을 표출한다. 그렇게 동물을 학대하는 잔혹한 행위를 통해 부정적인 감정을 해소하고 만족감을 느꼈던 경험들이 쌓이다 보면 성인이 되어 누군가와 갈등관계가 생겼을 때 그 상황을 합리적으로 해결하려는 것이 아니라 갈등관계 자체를 제거해버리는 방식으로 상황을 해결한다. 이것이 아동들이 저지르는 동물 학대가 위험한 이유다.

화가 났을 때 죽이고 때리고 공격하는 방식으로 성장기를 거치다 보면 성인이 되었을 때도 그 방법만이 갈등을 해소할 수 있는 최선의 방법이라고 생각한다. 그래서 자기가 사회로부터 느끼는 분노, 또 누군가로부터 느끼는 격한 감정들의 원인이 되는 대상을 그냥 제거해버리는 것으로 자신의 감정을 해소하게 되는데, 이것이 더욱 심화되면 연쇄살인 같은 범죄 행위로 이어진다.

유영철이나 정남규, 강호순 등이 자기합리화를 하기 위해 주장하는 것도 '세상이 나를 이렇게 만들었다'라거나 '부자들은 각성해라. 나는 이렇게 고통스럽게 살아가는데 너희들만 행복하게 사는 꼴을 못 보겠다'라는 식의 왜곡된 감정이다. 어릴 적부터 그런 식으로 갈등을 해소해왔기 때문에 성인이 되어서도 그와 같은 방법이 최선이라고 생각하는 뒤틀린 관념이 형성되어 있는 것이다.

혹시라도 주변의 아이가 동물을 학대하는 장면을 목격했다면 아이의 부모에게 그 사실을 알려야 한다. 그런데 이때 주의해야 할 문제들이 있다. 아이가 동물을 학대하는 경우는 가정 내에 이미 어떤 문제가 존재하고 있을 가능성이 크다. 첫째는 해체된 가정일 가능성이 크고, 둘째는 아이가 부모로부터 어떤 식으로든 과도한 압력이나 압박을 받고 있을 가능성이 크다. 그렇다면 그 부모들은 정상적인 부모들과는 조금 다르게 성격장애를 가지고 있을 수도 있고, 사회적으로 심각한 스트레스 상태에 놓여 있을 수도 있다. 그래서 아이의 행동을 알려주었다가 오히려 공격을 받는 경우도 있다.

문제를 가지고 있는 부모들일 경우 '아이가 놀다가 그럴 수도 있는 걸 가지고 왜 문제를 삼느냐'고 하거나 '우리 아이가 무슨 파렴치한 행동을 했다고 그러느냐'는 식의 반응을 보이며 되레 공격해올 가능성이 크다. 그렇기 때문에 부모에게 알리는 것도 중요하지만 상황을 잘 지켜보다가 지자체나 경찰에 이러한 상황이 일어나고 있다고 것을 먼저 알리는 것도 하나의 방법이다.

또 동물을 학대한 아이를 훈육한다면서 회초리를 드는 것은 결코 좋은 해결 방법이 아니다. 그렇게 해서 해결될 수 있는 문제가 아니다. 그 문제를 해결할 수 있는 방법은 경찰이나 지자체의 상담센터, 정신보호센터 등과 연계해 도움을 요청하는 것이 훨씬 합리적이다.

안타깝지만 옆집 아이가 우리 집 반려동물을 죽였다고 해서 아이의 집에 찾아가 항의를 하고 싸운다고 문제가 해결되는 것은 아니다. 또한 경찰에 신고해 처벌받게 하는 것만이 능사도 아니다. 경찰에 알리는 목적은 그 아이와 그 아이의 집에서 무슨 일이 벌어지고 있는지를 공론화해야 하기 때문이다. 지역에서 그런 일이 벌어지고 있다는 것을 수면 위로 올려야 다양한 해결책도 찾고, 도움도 받을 수 있다.

해리성 장애,
내 안의 또 다른 나

우리가 흔히 다중 인격 장애로 알고 있는 해리성 장애는 한 사람 안에 둘 또는 그 이상의 인격체가 존재하는 정신 질환으로 상황에 따라 전혀 다른 사람처럼 행동한다는 특징이 있다. 2017년 개봉작으로 스물세 개의 인격을 가진 한 사람의 이야기를 다룬 영화 〈23 아이덴티티〉를 본 분들이라면 쉽게 이해할 수 있을 것이다. 이 여러 개의 자아들은 서로가 서로를 모른 채 분리되어 있다.

그런데 우리 역시 살다 보면 극도의 스트레스를 받았을 때 갑자기 내가 내가 아닌 다른 사람처럼 돌변한다고 느낄 때가 있는데, 이러한 경험은 누구나 있을 것이다. 하지만 심각한 수준의 스트레스가 아닌 그저 작은 갈등 상황에 놓였을 때조차도 그것에 대처하기가 어렵다고 판단되면 순간 다른 사람으로 돌변하는 해리성 장애를 보이는 사람들이 있다.

몇몇 연구 결과에 따르면 이 장애를 갖고 있는 경우 성장기에 심한 아동 학대를 경험했을 가능성이 크다. 힘없는 어린 아이로서 지속되는 폭력의 고통에서 벗어날 방법이 없었을 테고, 결국 그 상황을 견디기 위해 머릿속에서 다른 생각을 하게 되었을 것이다. 친구들과 신나게 어울려 놀던 일, 소풍을 갔을 때의 들뜬 기분 등을 생각하면서 그 고통을 겪어냈을 것이다.

이렇게 극도의 스트레스 상황에서 자신을 지키고 견뎌내기 위해 스스로 다른 생각에 몰입하는 방법을 선택하게 된 아이들은 성인이 되어 작은 스트레스 상황에만 놓여도 즉각적으로 해리성 장애가 드러난다.

누가, 왜 나를 함부로 조정하는가

나를 지배하는
폭력의 굴레

어려서부터 동정심이 많고 공감하는 능력이 크면 가스라이 팅의 피해자가 되거나 데이트 폭력의 피해자가 될 가능성이 많지 않느냐고 물어보는 분들이 있다. 이 말은 사실일까? 앞에서도 이야기했듯이 반드시 그렇지는 않다. 하지만 현장에서 실제로 피해자들을 만나 대화를 나눠보면 안타깝게도 이렇게 이야기하는 분들이 많다. "폭력을 휘둘러도 지나고 나면 사과하고 다시 잘해줘요. 나라도 그 사람 옆에 있어줘야 할 것 같아요. 그래야 더 큰일을 저지르지 않도록 할 수 있을 테니까요."

그러나 실제로 이 피해자들은 매우 큰 두려움 속에서 합리적 판단을 못하는 지경에 이른 상황이다. 자신이 가해자의 폭력에서 벗어나고자 도망을 치면 자신뿐만 아니라 가족과 친구들이 자신 때문에 피해를 당할 거라는 두려움이 가장 크다. 실제 이별을 선언한 이후 일가족이 살해당한 사건들을 우리는 너무도 잘 알고 있다. 결국 피해자는 자신 때문에 다른 사람이 피해를 당할 것을 두려워한 나머지 혼자 폭력을 견디어 내게 된다.

자신의 이러한 마음 상태를 스스로 의무감이라고 생각할 수도 있고, 사랑이라고 생각할 수도 있다. 그러나 그것은 사랑도 아니며, 더군다나 피해자가 그 상황을 책임져야 한다는 의무감을 가질 필요도 없다. 그것은 엄연히 단절되어야 할 폭력일 뿐이다.

가해자들은 끝없이 반복되는 폭력의 굴레 속에서 그것을 사랑이나 의무로 착각하는 피해자의 이러한 심리를 교묘하게 이용한다. 그래서 더 이상 폭력을 견디지 못하고 벗어나기 위한 시도를 할 때는 이미 더 심각한 폭력이나 살인으로 이어지는 경우들이 많다. 그렇기 때문에 폭력을 애정 표현이라거나 욱하는 성격이 있어서라는 등 절대 다른 의미로 해석하거나 포장해서는 안 된다. 폭력은 폭력일 뿐이다.

데이트 폭력이나 가스라이팅의 경우 심각한 범죄를 예방하려면 주변 사람들의 역할이 매우 중요하다. 약간의 징후가 느껴져도 도움의 손길을 내밀어야 한다. 물리적인 공격은 물론이고 심리적 고통을 가하고 거기에서 벗어나지 못하게 하는 정서적 학대 역시 엄연한 데이트 폭력이다.

사회적으로 많은 이슈가 되고 있고, 또 그로 인한 폐해가 나날이 늘고 있는 가스라이팅은 법적으로 범죄에 해당할까? 결론부터 말하자면 해당되지 않는다. 가스라이팅은 법률적 정의도 아니고, 심리학적 용어도 아니다. 가스라이팅의 유래는 〈가스등〉이라는 연극에서 비롯되었다.

극의 주인공 폴라는 범죄를 의도한 남편 그레고리로부터 심리적 지배를 당하게 된다. 그레고리는 매일 밤 숨겨진 보석을 찾기 위해 다락방에 오르고 그가 다락방에서 가스등을 사용하는 동안 집 안의 다른 곳은 불빛이 희미해진다. 폴라는 이상하게 집 안이 자꾸 어두워진다고 말하지만 그레고리는 전혀 그렇지 않다며 오히려 폴라를 정신적으로 문제가 있는 사람처럼 몰아간다. 매일 이러한 일이 반복되자 폴라는 정말로 자신에게 문제가 있는 것이 아닌지 의심하게 되고, 결국 폴라는 그레고리에게 의존하지 않으면 아무것도 할 수 없는 상태가 된다. 이것이 바로 가스라이팅의 핵심이다. 대상자의 심리나 상황을 조작해 그 스스로 자책감을 갖고 스스로를 의심하게 만듦으로써 지배력을 행사하고 통제하는 것이다.

가스라이팅이 최근 들어 많이 회자되고 있기는 하지만 사실은 오래전부터 우리 사회에 이미 만연해 있던 일이다. 다만 예전에는 예를 들어 '그 정도는 상하관계에서 있을 수 있는 일이니 내가 참아야지' 하고 넘길 수 있는 수준이었다면, 변화하는 시대와 함께 진화한 현대 사회의 가스라이팅은 예전처럼 그렇게 지나칠 수 있는 단계를 넘어섰다.

이렇게 된 데에는 여러 가지 사회적 이유가 있을 것이다. 경제적 문제와 관계 갈등, 외부의 자극, 격변하는 정치적 상황 등 이러한 환경 속에서의 생존은 거의 투쟁이 되었다. 그렇다 보니 예전처럼 위계에 의한 명령 체계에서 발생하는 수준을 넘어 누군가를 짓밟고 일어서야만 성과를 내고 목표에 도달할 수 있다는 사회적 압박이 진화된 가스라이팅의 형태로 나타나는 것이다.

내 삶을 뒤흔드는
악마의 속삭임

가스라이팅이 얼마나 위험한 범죄인지를 알려주는 사건이 있다. A라는 사람과 B라는 사람이 있었다. 두 사람은 같은 동네에 살았고 같은 초등학교, 중학교, 고등학교를 다닌 동창이다. 심지어 각기 다른 대학에 들어갔으나 B는 다니던 학교를 그만두고 A가 다니는 학교에 진학했을 정도로 두 사람의 우정은 두터웠다.

두 사람은 졸업이 가까워지면서 강원도에 있는 한 고등학교로 함께 교생 실습을 나갔다. 그런데 그 학교의 한 남학생이 A를 짝사랑하는 일이 벌어졌다. 계속해서 남학생이 A를 쫓아다니자 B가 그 남학생을 불러 이렇게 이야기했다. "네가 내 말을 잘 들으면 네가 나중에 성인이 되었을 때 A선생님하고 만날 수 있도록 내가 주선해줄게." 그러자 남학생은 뛸 듯이 기뻐하며 "그러면 제가 어떻게 하면 돼요?" 하고 물었다. B는 "열심히 공부해서 좋은 대학에 가면 된다"고 말했다. 그러자 남학생은 기꺼이 선생님의 뜻에 따르겠노라고 대답했다. 그러자 B는 남학생에게 "그런데 내가 교생 실습이 끝나서 다시 학교로 돌아가야 하니 너도 학교를 그만두고 나하고 같이 공부하면서 검정고시를 통해 대학에 가는 게 어떻겠느냐"고 제안했다.

남학생은 부모에게 운동을 그만두고 대학에 가겠다고 말했다. 부모들로서는 듣던 중 반가운 소리였다. 남학생은 다만 학교를 그만두고 B선생과 공부를 하겠다고 했다. 부모들은 그렇다고 학교까지 그만둘 필요가 있느냐고 만류했지만 실제 B선생이 교생으로 있는 동안 아들의 성적이 조금 오르기도 했고, B선생이 자신이 잘 가르쳐보겠다고 하자 부모들은 망설임 끝에 허락했다. B는 부모들에게 아들이 공부에만 집중할 수 있도록 도와달라며 자신들 쪽에서 연락하기 전까지는 찾아오지도 말고, 연락을 하지도 말아달라고 했다. 부모들은 꼭 그렇게까지 해야 하나 싶었지만 그들의 선택을 믿고 하숙비만 보냈다. 하지만 이 남학생은 하숙집이 아니라 B의 집에서 그녀와 함께 기거했다.

그런데 둘 사이에 이상한 일이 벌어지고 있었다. B는 학생을 노예처럼 부리면서 무자비한 폭행까지 행사했다. 말을 듣지 않는다는 이유로 몽둥이로 두들겨 패면서 대학에 가려면 이렇게 해야 한다고 말했다. 우리의 상식으로는 도저히 있을 수 없는 일이 벌어지고 있었던 것이다.

그러던 어느 날 부모들은 청천벽력 같은 소식을 듣게 된다. 아들이 사망했다는 믿을 수 없는 이야기였다. B가 학생이 자신을 성폭행하려고 해서 피하다가 뜨거운 물을 부어 화상을 입고 쓰러졌는데 죽은 것 같다고 경찰에 신고를 한 것이다. 현장에 구급대가 도착했을 때 학생은 이미 사망한 뒤였다. 열심히 공부해서 대학에 가겠다고 선생님을 따라나섰던 아이가 갑자기 주검이 되다니, 부모들로서는 도저히 상상할 수도, 믿을 수도 없는 상황이었다.

경찰이 수사를 시작하자 B는 자신이 했던 말을 번복했다. 사실은 성폭행이 아니고 학생이 자기를 폭행하려고 했고, 그러다가 자기 혼자 쓰러져 죽은 거라고 말을 바꾸었다. B는 수차례 말을 바꾸며 현장 상황과 전혀 맞지 않는 이야기들을 했다. 수사가 계속되면서 어이없고 황당한 사실들이 끊임없이 드러났다. B의 남자친구가 B에게 학생을 폭행하도록 휴대전화로 계속해서 지시를 하고 있었다. 그 아이를 대학에 보내려면 그렇게 공부를 시키면 안 되고 무조건 때려야 된다는 식으로 폭행을 지시하는 문자를 지속적으로 보냈던 것이다. 이 남자친구는 미국에서 유학 중이었는데 B의 친구인 A가 소개를 시켜줘서 알게 되었으며, B와 그 남자친구는 실제로 직접 만난 적이 한 번도 없는 사이였다.

수사가 진행될수록 믿기 어려운 사실들이 계속해서 드러났다. B의 남자친구는 실제로 존재하지도 않는 인물이었다. B에게 학생을 폭행하도록 지시하는 문자를 보낸 사람은 바로 B의 친구 A였다. 남학생에게 학교를 그만두게 한 것도, B의 집에 기거하면서 노예처럼 부리게 한 것도, 가상의 남자친구를 끌어들여 끝없이 폭력을 행사하도록 지시한 것도 모두 A가 꾸민 일이었다.

조사 결과 B는 중학생 무렵 갑자기 가정이 경제적으로 어려운 상황에 처하게 되었고, 그 힘들고 고통스러운 심정을 A에게 털어놓았다. 그때부터 A는 B를 상대로 가스라이팅을 하기 시작했고, 이러한 상황은 이후로도 지속되었다. A는 B에게 이 모든 것이 다 너를 위한 일이고, 내가 돌봐주었기 때문에 네가 존재할 수 있는 것이며, 내가 원하는 게 뭔지 네 스스로 잘 생각해보라고 했다. 그렇게 긴 시간 동안 지속된 가스라이팅은 결국 어린 고등학생을 죽음으로까지 몰아넣는 범죄로 이어졌다.

많은 사람들이 이 같은 사건에 대해 어떻게 그런 일이 가능할 수 있는지 도무지 이해하기 어렵다고 입을 모은다. 시킨다고 해서 어떻게 그런 일을 할 수가 있느냐는 것이다. 하지만 가스라이팅이 이루어지는 방식을 알고 나면 가스라이팅을 당한 피해자들의 심리를 이해할 수 있다.

가스라이팅의 또 다른 핵심은 피해자 스스로 자신이 가스라이팅을 당하고 있다는 것을 모른다는 데에 있다. 가해자들은 피해자들이 어떤 문제의식을 느껴 그런 상황에서 벗어나려 하는 생각 자체를 아예 차단해버린다. 가스라이팅을 당하는 피해자는 가해자의 의도에 따라 행동하려 노력하게 되는

데, 이러한 과정이 일어나는 이유는 가해자가 피해자의 주변 사람들을 의도적으로 차단하기 때문이다. '그 사람 만나지마. 그 사람이 하는 조언은 너를 잘못되게 하는 말이야'라는 식으로 주변인과의 관계를 단절시킴으로써 전적으로 자신에게 의존하도록 하려는 것이다.

가스라이팅이 이루어지는 방식은 일단 주변의 정보들을 모두 차단시키는 것이다. 그리고 오직 믿고 의지할 사람은 자신뿐이라고 주입시킨다. 그럼으로써 의존성이 비정상적으로 높아지는 상황으로 발전하게 만든다. 가스라이팅은 당하는 사람의 고통과 괴로움도 크지만 더 큰 문제는 그것을 통해 제2, 제3의 범죄를 저지를 수도 있다는 것이다. 우리가 가스라이팅에 주목하는 이유도 그런 위험성 때문이다.

그렇다면 B에게 폭행을 지시한 A는 살인교사 등으로 처벌할 수 있을까? 그에 대한 답부터 말하자면 살인교사로 처벌할 수 없다. 주고받은 메시지에 살인을 저질러라, 죽여라 하는 용어가 포함되어 있지 않다면 살인교사로 처벌할 수 없다는 판결이 최근에도 있었다.

아버지가 돌아가시고 세 자매가 카페를 운영하면서 어머

니를 모시고 살았는데 오랫동안 친하게 지내던 어머니의 지인이 이 세 딸을 상대로 가스라이팅을 하기 시작했다. "너희들이 잘 되려면 너희들을 가로막고 있는 엄마에게 폭력을 행사해서라도 교육을 시키고 훈육을 시켜야 돼." 가스라이팅은 끊임없이 지속되었고 결국 어머니는 8시간 동안 이어진 세 자매의 폭행을 이기지 못하고 사망했다. 세 자매 중 주동자인 큰 딸은 중형에 처해졌다. 그런데 수사 결과 자매들은 어머니 지인으로부터 끊임없이 지시를 받고 있었고 범행 당시에도 "오늘 밤에 그냥 두면 안 된다"라는 내용의 지시를 받았다. 경찰과 검찰이 살인교사로 기소했으나 법정에서는 살인을 하라는 직접적인 표현이 없기 때문에 살인교사를 인정할 수 없다는 판결을 내렸고, 결국 2년 6개월이라는 솜방망이 실형이 선고되었다.

더 끔찍한 것은 세 자매는 자기들의 친모를 죽음에 이르게 했음에도 여전히 "그 사람은 죄가 없다. 다 우리가 잘 되기 위해 엄마를 폭행해서 문제가 발생한 것이지 그 사람은 죄가 없다"며 자신들을 가스라이팅한 당사자를 옹호하고 있다는 사실이다. 이토록 무섭고 끔찍한 게 가스라이팅이다.

친절함을 가장한
교활한 손길

B가 잔혹한 살인 행위까지 저지르게 된 동기는 가스라이팅
에서 비롯된 강한 의존성 때문이다. 기억하는 분들도 있을 텐
데 2016년 초에 어린 자녀 살인 사건들이 밝혀지던 때가 있
었다. 맨발로 뛰쳐나온 한 아이가 시발점이 되어 전수 조사를
하게 되었고, 그 결과 학교에 나오지 않는 아이들이 있다는
것을 파악하게 되어 집집마다 수사를 시작하면서 여러 사건
들이 수면 위로 드러났다. 당시 그 모든 사건 현장에 투입되
었는데, 부모들이 끝까지 부인하며 자신들이 저지른 범죄를
합리화하고 있는 상황이었다.

부천에서 일어난 한 사건은 아버지가 자녀를 학대하고 폭
행해 사망에 이르게 한 뒤 시신을 훼손한 사건이었다. 그런데
더 놀라운 것은 범행이 이루어지던 그 순간에 아이의 엄마는
그 현장에 함께 있었고, 그 모든 것을 목격했음에도 수개월이
지나도록 신고하지 않았다는 사실이다. 범죄가 밝혀진 뒤 그
엄마에게 신고하지 않은 이유에 대해 물었다. 그러자 그녀는

이렇게 대답했다. "아이는 죽었고, 남편마저 잡혀가면 나는 누구와 살아야 하죠?"

아이가 죽었는데 자신의 일신이 걱정되어 신고를 안 했다니, 한 아이의 엄마로서 자신의 아이가 죽었는데 그런 생각을 한다는 것 자체가 비정상적일 만큼 이기적이고 파렴치하게 느껴질 것이다. 욕이 절로 나올 만큼 화가 날 수도 있다. 나 역시 그랬다. 하지만 여기에는 우리가 자세히 들여다봐야 할 어떤 심리적 기제가 개입되어 있다. 이 엄마는 자신이 살아오면서 겪었던 버려지거나 소외된 경험들로 인해 누군가에게 의존하는 성향이 강했을 것이고, 그 대상이 바로 남편이었을 것이다.

결국 이러한 현상은 그루밍 성범죄와 맞닿아 있다. 그루밍 성범죄는 가해자가 피해자와 친분과 신뢰를 쌓아 호감을 얻거나 돈독한 관계를 만들어 심리적으로 지배한 뒤 성폭력을 가하는 것을 말한다.

특히 아동을 상대로 한 그루밍 섬범죄의 경우에는 친절을 베풀고 고민을 상담해주는 척하며 자기에게 의존하게 한 뒤 그 의존성을 더욱 견고하고 확고하게 만들어 성추행과 성폭행을 일삼는다. 피해자들을 자기의 지배 영역 안에 넣기 위해서는 물불을 가리지 않는 교묘하고 파렴치한 행동들을 아무렇지 않게 저지른다.

그루밍 성범죄자들이나 가스라이팅 가해자, 그리고 사이코패스들이 상황을 이용하는 수법에는 몇 가지 특징이 있다. 그들은 먼저 표적으로 삼은 상대방의 거절 의사를 차단한다. 그런 다음 상대방이 원하지 않은 약속을 하고, 조금 불편하게 느낄 정도의 과한 친절을 베풀면서 접근한다. 그리고 그것을 거절했을 때 상대방 스스로 무례한 사람이라고 생각하게 만든다. 그럼에도 상대방이 완강하게 거절하면 그 의견을 일방적으로 무시한다. 그리고 상대방이 원하지도 않는 정보를 상세하게 제공한다. 이것은 그들이 거짓말을 할 때 드러나는 심리적 특성이다. 또 하나는 사회적으로 후광을 만들어 상대방의 보편적 심리를 역이용한다.

가스라이팅 피해자들의 의존성은 가정폭력 피해자들에게서 나타나는 의존성과는 차이가 있다. 가정폭력 환경에 놓여 있는 피해자는 가해자에게 직접 위해를 당하는 범죄 외에도 피해자의 다른 가족들을 상대로 하는 위협처럼 더 큰 두려움과 공포감을 주는 범죄에 노출되는 경우가 많다. 그래서 가정 폭력 피해자들의 의존성은 보통 '나라도 이 사람 곁에 있어야 한다'거나 '이 사람마저 없으면 나는 어떻게 살지?'라는 두려움에서 비롯된다.

반면 가스라이팅 피해자는 '가해자가 시키는 대로 하지 않으면 내가 잘못될 것 같다'는 두려움을 갖게 된다. 이러한 두려움이 피해자를 의존적으로 만들게 되고, 가해자는 바로 이러한 심리를 교묘하게 이용한다.

가스라이팅의 덫에 걸리지 않으려면 스스로의 의존성을 판단하고 조절하는 힘이 필요하다. 그렇다면 나의 의존도가 강해지고 있다는 사실을 어떻게 인지할 수 있을까? 사실 안타깝게도 자신의 의존성을 스스로 알아차리기는 힘들다. 그것을 인지할 때까지는 긴 시간이 걸리고, 정작 그것을 인지하게 되면 그때는 이미 상당한 피해를 입은 상태이기 때문이다. 반복해서 강조하지만 그래서 주변 사람들의 도움이 절대적으로 필요하다.

피해자 스스로 "내가 지금 가스라이팅을 당하고 있어. 내가 의존도가 굉장히 높아지고 있어"라고 말한다면 그때는 이미 자신의 상황을 인지하고 있어서 가스라이팅에서 어느 정도 벗어난 상태라고 판단할 수 있다. 가스라이팅을 당하고 있는 동안은 당연히 자신이 어떤 상황에 놓여 있는지 인지하지 못한다. 모르기 때문에 지속적으로 피해를 당하는 것이 가스라이팅의 특징이다.

그래서 더더욱 주변 사람의 도움이 필요한데 자의든 타의든 주변이 모두 차단되어 누구도 도움을 줄 사람이 없는 경우가 사실 가장 큰 문제다. 스스로 인지하지 못하고 있는 변화를 주변 사람들이 알아차리는 경우가 많고, 그럼으로써 가스라이팅의 징후를 발견해 차단하게 되는데 그런 기회조차 갖지 못하면 점점 더 깊은 가스라이팅의 늪으로 빨려들어가게 된다.

가스라이팅을 방지하거나 벗어나기 위한 방법은 가해자의 요구를 단호하게 거절함으로써 자신이 가해자의 의도에 넘어가지 않는다는 것을 느끼도록 하는 것이다.

그런데 가해자들은 상대방의 이러한 심리적 변화를 주도면밀하게 관찰함으로써 피해자가 자신의 통제에서 벗어나려 노력한다는 것을 눈치채면 돌연 방법을 바꾸기도 한다. 이전처럼 강압적이고 위압적인 방식의 가스라이팅이 아니라 피해자의 섬세한 감정이나 감성을 건드려 벗어나지 못하게 하는 새로운 방법을 사용한다.

그들은 어떻게
상황을 이용하는가

두려움과 공포심을 이용한
연쇄살인

2007년, 전라남도 보성에서 믿기 힘든 사건이 발생했다. 당시 70세의 어부였던 오 씨는 그곳으로 여행을 온 남녀 대학생을 1차 살해했고, 한 달 후에 또다시 그곳으로 여행을 온 20대 초반의 여성 둘을 자기 배에 태워 살해했다.

여행을 온 남녀 대학생이 바닷가를 산책하다가 오 씨의 배에 다가가 배에 태워달라고 부탁했다. 오 씨는 공짜로 태워주겠다며 흔쾌히 호의를 베풀었고, 이들을 태우고 자신의 주꾸미 작업장이 있는 바다 한가운데로 향했다. 여대생을 보고 욕정을 느낀 오 씨는 방해가 되는 남학생을 물속으로 밀어버렸다. 남학생이 배 위로 올라오려고 하자 그는 고기를 잡을 때 사용하는 갈고리 모양의 삿갓대로 남학생을 무차별 공격해 살해했다. 그런 뒤 여학생을 성폭행하려다 실패하자 그녀마저 물에 빠뜨려 같은 도구로 살해했다. 두 사람이 여행을 떠난 뒤 연락이 두절되자 가족들은 실종 신고를 했으나 실종 신고 이틀 만에 여학생의 변사체가 발견되었고, 그로부터 이틀 후에 남학생의 변사체도 발견되었다.

한 달 뒤 또다시 두 명의 여성이 실종되었다. 두 여성은 주꾸미를 팔고 있던 오 씨를 만나게 되고, 그는 이 여성들에게 배를 태워주겠다고 호의를 베풀며 유인했다. 그는 그녀들을 자신의 배에 태워 주꾸미 작업장으로 데려간 뒤 성추행을 시도하다가 또다시 살해했다. 그리고 다음날 한 여성의 시신이 발견되었고, 그다음 날 또 한 여성의 시신이 발견되었다. 결국 오 씨는 체포되었다.

당시 범인의 나이 70세였다. 20대의 남학생과 여학생은 왜 70세의 노인을 상대로 저항하지 못하고 끔찍하게 죽음을 당하고 말았을까? 거기에는 심리적인 문제가 개입되었을 가능성이 크다. 현장에 가서 확인한 결과 범행에 사용된 배는 한 사람 정도가 타고 작업할 수 있는 아주 작은 규모의 조각배였다. 동네 사람들이 내게 저런 배를 한번이라도 타본 적이 있느냐고 물었다. 타본 적이 없다고 하자 배에 대해 설명해주었다. 그런 배를 처음 탄 사람이라면 아무리 장정이라도 파도가 출렁거리는 바다 한가운데서 배의 난간을 붙잡고 앉아 있는 것 외에는 아무것도 할 수 없었을 거라는 것이다. 균형을 잡기가 어려워 의지대로 움직일 수 없었을 거라는 게 그들의 설명이었다. 반면 범인은 출렁이는 바다 위에서 평생을 살아온 사람이었다.

중심조차 잡기 힘든 배 위에서, 그것도 자신들을 도와줄 사람 한 명 보이지 않는 망망대해에서 그들은 두려움과 공포에 사로잡혔을 것이다. 이 심리적 두려움은 물리적(신체적) 두려움을 동반하기 때문에 이성적으로 상황을 판단해 물리적 힘에 저항할 수 있는 단계에 이르지 못했을 것이다. 하지만 70세 노인이었던 가해자는 범행을 위해 엄청난 계획과 도구를 준비하지 않았음에도 자신이 일생을 보낸 바다와 배 위에서 자신이 능수능란하게 사용하는 어구 하나로 피해자들을 쉽게 제압할 수 있었다. 두려움과 공포에 사로잡힌 피해자들의 심리와 자신에게 유리한 공간을 범죄의 도구로 삼은 것이다.

범행이 있고 며칠 뒤 시신이 발견된 상황에서도 오 씨는 주꾸미를 잡아 시장에 내다 팔며 아무렇지 않게 평소와 똑같이 생활했다고 한다. 그에게 살해 이유를 묻자, 가슴을 만져보려고 했는데 반항하는 바람에 죽였다며 대수롭지 않은 일처럼 대답했다. 그러고는 자기의 잘못이 아니라 배를 태워달라고 한 그들이 잘못이라고 말하기도 했는데 이는 전형적인 사이코패스의 성향과 많이 닮아 있다.

사이코패스들의 교묘하고 집요한 심리전

비가 쏟아지는 날 아침, 한 여성이 출근을 하기 위해 대문을 열고 밖으로 나왔다. 마침 대문 앞에 차가 한 대 서 있었는데,

갑자기 창문이 열리더니 안에 타고 있던 남성이 여성에게 아주 친절한 표정과 말투로 이렇게 말했다. "이렇게 비가 쏟아지는데 출근하시나봐요." 여성은 무심결에 그렇다고 대답했다. 그러자 남자는 어떤 대중교통을 이용하느냐며 자신이 거기까지 태워다주겠다고 제안했다. 여성은 지하철을 타고 가는데 조금만 걸어가면 지하철역이 있다고 했다. 위험하게도 부지불식간에 모르는 남자에게 자신의 정보를 제공해버리고 말았다. 그러자 남성은 냉큼 자기도 이 빌라에 사는 사람이라면서 비가 세차게 퍼붓고 있으니 지하철역까지 태워다주겠다고 했다.

그 순간, 여성은 어떻게 반응했을까? '같은 빌라에 사는 사람입니다. 제가 지하철역까지 모셔다 드릴게요'라는 제안을 받은 순간 여성은 남자의 말을 문화적 맥락으로 해석하게 된다. 문화심리학이나 문화 연구에서 아주 중요하게 해석하는 것 중 하나가 바로 '문화적 맥락'이다. 그리고 이 문화적 맥락은 고맥락 문화와 저맥락 문화로 나뉜다. 문화적 맥락은 문화에 따라 다르게 나타나는 소통의 유형을 의미하는 개념이다. 고맥락 문화는 다른 사람과의 의사소통이나 인간관계에 있어서 상대방이 제시한 내용 자체보다는 맥락이나 배경에 더 큰 비중을 두는 문화를 말한다. 반면 저맥락 문화는 맥락이나 상황보다는 상대방이 제시한 내용이나 기록된 정보에 더 큰 비중을 두는 문화다.

예를 들어 내가 소파에 앉아 두리번거리면 아내가 "리모컨 저기 식탁 위에 있잖아"라고 말한다. 함께 산 지 30년 가까이 되다 보니 순식간에 나의 심리를 파악하는 고맥락 문화가 형성되어 있기에 가능한 상황이다. 수십 년을 함께 산 노부부의 생활을 들여다보면 고맥락 문화의 전형적인 모습이 고스란히 드러난다. 할아버지가 "저기 그거 어디에 있지?" 하시면 할머니가 무언가를 가져오신다. 그런데 신기하게도 정확하게 할아버지가 요구하는 물건이다.

출근을 하기 위해 대문 밖으로 나온 여성도 남자의 제안을 이렇게 문화적 맥락으로 해석하게 된다. 남자가 자기도 이 빌라에 산다고 했을 때 여성은 확인도 하지 않은 채 나와 같은 빌라에 살고 있고, 나와 같은 시간에 출근을 하는 사람이고, 비가 오니까 나를 그냥 태워주겠다고 하는 선한 의도를 가진 사람이라고 해석한다.

그러고는 여성은 남자의 친절에 부담을 느끼기 시작한다. 우리는 전통적으로 타인이 베푸는 친절을 거절하는 것을 매우 무례하다고 배웠고 그렇게 인식해왔다. 그래서 누군가 나에게 친절을 베풀면 부담을 갖기 시작한다. 적절한 때에 거절해야 하는데 그러지 못하고 여성이 머뭇거리고 있는 순간, 남자는 틈을 주지 않고 이렇게 말한다. "지하철역까지만 태워드릴게요. 딴 데 안 가요. 지하철역에 내려드리면 되잖아요, 약속할게요."

여성이 요구하지도 않았는데 남자는 저 혼자 약속을 하고 있다. 그러면 이때 대부분의 사람들은 맥락이 흐트러지기 시작한다. 여성도 마찬가지다. 친절을 베풀고 약속까지 해주는 좋은 사람이라고 생각한다. 그럼에도 여성은 선뜻 그 차를 타지 않고 "그냥 걸어갈게요"라고 거절한다. 하지만 남자는 여성이 거절을 하든 말든 무시하고 쐐기를 박듯 이야기한다. "낡은 차를 타니까 내가 나쁜 사람으로 보입니까? 비도 많이 오고 해서 도움을 드리려고 한 건데, 이렇게 낡은 차 타기가 좀 그렇죠?" 그 순간 여성은 같은 빌라에 살고 친절을 베푸는 사람의 호의를 거절한 나쁜 사람이 되어버린다. 여성은 곧 차의 문을 열고 탑승하게 된다.

연쇄살인범 강호순을 비롯해 이러한 수법으로 엄청난 연쇄 성범죄를 저지른 사건들이 있었다. 우리는 그 누구도 차에 올라탄 이 여성의 선택을 비난할 수 없다. 이것은 범죄자의 교묘한 수법이고, 여성은 그 수법에 말려든 피해자일 뿐이다. 흉기를 들이대고 위협해 차에 태우는 것만이 흉악한 범죄가 아니다. 그저 교활하게 진화한 것일 뿐 이러한 수법도 흉악한 범죄이기는 매한가지다. 이것이 현대 사회에서 우리가 직면하고 있는 범죄의 유형이다.

가스라이팅 가해자나 사이코패스들의 성향은 아주 교묘하고 교활한 능력을 가지고 있다는 공통점이 있다. 실제로 사이코패스 중에는 지능이 높은 자들이 많다. 그런데 여기서 중요한 것은 지능은 높지만 사회성은 전혀 없다는 게 문제다. 그렇다 보니 타인이 겪는 고통을 알면서도 절대 공감하지 못한다. 공감 능력이 전무하다고 볼 수 있다.

한 연구 실험에서 보통사람들로 구성된 한 집단과 사이코패스와 연쇄살인자들로 구성된 한 집단으로 나누어 사람의 피가 튀는 아주 끔찍한 장면을 똑같이 보여준 뒤 뇌의 반응을 비교했다. 보통사람들이 속해 있는 집단에서는 공포와 두려움을 느끼는 부분의 뇌가 반응을 보였지만 사이코패스와 연쇄살인자들로 구성된 집단에서는 그 부분의 뇌에서 아무 반응도 일어나지 않았다. 연구 결과 그들의 뇌 기능 자체에 공감 능력이 없다는 것을 알아냈다.

이 점은 자칫 우리가 간과하는 부분이기도 한데, 그들은 공감 능력이 없을 뿐이지 고통 자체를 모르는 것은 아니다. 그들은 자신이 공격을 가했을 때 상대방이 느낄 고통의 정도를 충분히 알고 있다. 그렇기 때문에 공격을 당한 피해자들이 고통스러워하는 것을 즐기기 위해 범죄를 저지르는 것이다. 고통을 알지 못한다면 공격할 의미가 없다. 다만 고통과 공포를 느끼는 피해자들의 마음을 공감하지 못할 뿐이다. 이들의 잔혹성이 드러나는 부분이 바로 이러한 점이다. 어떤 학자들은 이러한 유형의 범죄자들은 공감 능력이 없기 때문에 피해자들의 고통 역시 모른다고 주장하기도 하는데, 내가 실제로 만나본 범죄자들은 자신들의 공격으로 인해 피해자가 느낄 고통을 정확하게 알고 있었다.

이와 같은 사이코패스 성향의 사람들끼리는 서로가 서로

를 알아본다. 그래서 자신이 더 우월하다는 것을 표현하려 한다. 유영철과 정남규 사건이 발생했을 당시 유영철은 정남규가 저지른 사건을 자신이 저지른 사건이라고 주장하기도 했는데 이러한 경우가 바로 내가 너보다 한 수 위라는 것을 보여주기 위한 의도다. 사이코패스들은 어떤 식으로든 자신의 우월성을 과시하고 싶어 한다.

사이코패스들의
왜곡된 심리

그렇다면 우리 사회가 이러한 사이코패스 부류들을 상대로 따뜻한 관심을 갖는다면 그들의 범죄율이 줄어들까? 연쇄적 범죄자들의 공통점은 대부분 고립감이다. 한 사회의 구성원으로서 유대관계가 단절되었다고 느끼는 것이다. 그렇기 때문에 그런 환경이나 고립감에서 벗어날 수 있는 예방책을 만드는 것이 적극 필요하다. 연쇄살인범인 정남규의 경우에도 자신의 어머니와 동생과 함께 살고 있었으나 정서적으로는 해체된 가정이었다.

무조건 누군가와 함께한다고 해서 고립에서 벗어나는 것은 아니다. 성격장애와도 연관이 있는데, 경계선 성격장애의 특징 중에는 만성적인 공허감이 포함되어 있다. 연쇄살인범 유영철의 경우 경계선 성격장애가 매우 높았다. 그는 너무 외로워서 시체라도 내 옆에 누워 있었으면 좋겠다고 생각하거나 너무 고독했다는 이야기를 하기도 했다. 이렇게 공허감이나 고독감을 비정상적으로 느끼는 감정을 가지고 있다 보니 다른 사회 구성원들과의 기본적인 관계 맺기가 모두 단절되어 있다고 생각하는 것이다.

고립 자체가 범죄는 아니지만 고립된 사람들이 범죄를 일으킬 가능성은 높다. 그래서 범죄를 저지를 가능성이 높은 사이코패스 성향의 사람들이 사회로부터 점차 고립되면 자신의 그런 부정적인 감정을 표출하기 시작하는데 그것이 바로 연쇄살인으로 나타난다.

연쇄살인에도 여러 유형이 있는데, 성적 연쇄살인과 자기 감정을 표출하는 연쇄살인이 있다. 우리나라 연쇄살인의 특징은 성적인 부분이 포함되어 있기는 하지만 본질은 가학적인 자기감정의 표출이다. 그래서 시신 훼손 등 불필요하고 잔혹한 공격 행위가 많이 나타난다. 제압을 위한 공격이기보다는 자기 감정을 표출하기 위한 공격 행위라고 볼 수 있다. 연쇄살인은 이렇게 자기의 분노를 표출하는 것으로 시작된다.

특히 우발적인 범죄보다 계획적인 범죄의 경우 공격성이 더 높다. 오버킬overkill이라는 용어를 사용하기도 하는데 피해자가 이미 저항력을 잃어 더 이상 공격을 하지 않아도 되는데도 불구하고 굳이 30회, 40회씩 반복된 공격 행위가 일어나기도 한다. 그런데 막상 체포된 뒤 현장검증을 할 때 피해자를 공격하면서 몇 번을 찔렀느냐고 물으면 한 서너 번이라고 대답한다. 자신이 저지른 가해 행위의 횟수조차 기억하지 못하는 것이다. 그들은 이러한 범죄 행위를 마치 우리가 일상에서 별다른 의식 없이 물을 마시고 전화를 하고 TV를 보는 것처럼 아무렇지 않게 일어나는 행위로 여기기 때문이다.

사이코패스나 연쇄살인범들은 자기중심적이고 자기애적인 사고 성향이 매우 강하다. 그래서 범죄 행위 자체를 일종의 사회와 상호작용하는 방식이라고 생각한다. 보통사람들이 성취감을 얻기 위해 사회적으로 필요한 노력을 한다면, 이들에게는 범죄 자체가 곧 사회적 노력에 해당한다. 이들이 자기의 범죄를 들여다보는 것 또한 수사가 어떻게 진행되고 있는지를 확인하기 위해서가 아니라 '내가 저지른 범죄를 사람들이 이렇게 충격적으로 받아들이고 있구나'라는 식의 성취감을 느끼기 위해서다.

정남규와 면담을 하면서 범죄 대상을 물색하지 못하면 어떻게 했는지에 대해 물어본 적이 있다. 그러자 그는 과거의 범행 장소에서 살인을 추억한다고 털어놓았다. 그가 살인을 추억하는 목적은 자신이 범행을 저질렀던 장소에 가서 눈을 감고 당시의 범죄 상황을 회상함으로써 그 순간 느꼈던 쾌감을 다시 느끼는 것에 있다.

수백, 수천 명의 사이코패스 성향의 범죄자들을 면담한 결과 진심으로 피해자나 피해자의 가족을 상대로 죄책감을 갖는 경우는 한 명도 없었다. 자신이 저지른 범죄 행위에 대한 설명과 합리화는 과할 정도로 장황하지만 죄책감에 대한 언급은 일체 없다. 피해자에 대해 한번이라도 생각해본 적이 있느냐고 물으면 관심을 두지 않고 화제를 돌리거나 아예 대답하지 않는 경우가 대부분이다. 그보다 더 충격적인 반응은

'그 사람이 운이 없어서 그렇게 되었다'는 식으로 대답하는 경우다.

연쇄살인범들의 대표적인 특징 중 또 하나가 이렇게 범죄를 피해자의 탓으로 돌린다는 점이다. 그 사람이 거기 있었기 때문에, 또는 그 사람이 못살았기 때문에, 하필 그 사람이 나를 만났기 때문이라는 식으로 범죄의 원인이 피해자들에게 있다고 주장한다.

정남규 역시 부자들은 다 죽이고 싶었다고 이야기했지만 정작 정남규가 침입해 범행을 저지른 대상은 자신의 주장과 달리 굉장히 어렵게 사는 서민 가정이 대다수였다. 그에게 당신의 주장과 다르게 왜 어렵게 사는 사람들의 집에 침입했느냐고 물었을 때 놀랍게도 그는 그 이유를 "그들이 못사는 죄다"라고 대답했다. 잘사는 집들은 보안 시스템이 구축되어 있어서 침입이 어려운데 그렇지 않은 집들은 침입이 용이하기 때문에 자신이 범죄를 저지를 수 있었던 것이고, 그것은 모두 그렇게밖에 살지 못하는 그들의 잘못이라는 주장이었다. 이 어이없는 이야기를 듣고 너무 화가 나서 면담을 중단했던 기억이 있다.

그런데 이러한 흉악범들은 자신들의 주장에 상대방이 감정적으로 동요하고 있다는 미묘한 변화를 굉장히 빠르게 파악한다. 면담을 하러 들어간 순간 나는 범죄자를 분석하지만 범죄자 역시 프로파일러를 분석한다. 그래서 범죄자와 면담을 할 때는 심리적인 영향을 줄 수 있는 매우 비언어적인 전략들을 많이 사용한다.

예를 들어 테이블에 앉아 면담을 할 때 범죄자 옆에 나란히 앉는 경우도 있고, 대각선으로 앉아 면담을 시도하는 경우도 있다. 눈을 마주치거나 대화를 하기 불편한 성향을 가지고 있는 사람일 경우에는 특히 그렇다. 또 범죄자 옆에 놓인 빈 의자를 치우는 경우도 있다. 빈 의자가 놓여 있으면 범죄자가 대화를 나누면서 심리적으로 '누가 또 오나? 다른 수사관이 더 들어오나?' 하는 불안감을 가질 때가 많기 때문이다. 그래서 대상에 따라 그런 여지를 줄 수 있는 요인들을 아예 제거하고 면담을 하기도 한다.

화가 나서 면담을 도중에 중단하는 것도 사실은 전략 중 하나다. 내가 당신의 말에 매우 반응하고 있다는 것을 보여줌으로써 더 많은 이야기를 끌어내려는 의도가 숨어 있는 것이다. 프로파일러는 화려한 언변과 기술로 상대방을 설득하는 사람이 아니고, 범죄자로 하여금 자신의 이야기를 더 많이 꺼내놓을 수 있도록 유도하는 역할을 하는 사람이다. 면담 도중에 엉뚱한 질문을 하기도 하고, 다른 프로파일러로 교체하기도 하며, 앉아서 면담을 하다가 대화 중간에 갑자기 동행한 프로파일러에게 "잠깐 나가 있어"라고 말하면서 면담 분위기를 전혀 다른 상황으로 환기시키기도 한다.

문화적 영향을 받는 범죄의 특성

범죄는 개인의 특성도 있지만 문화적으로도 많은 영향을 받는다. 그래서 범죄는 그 사회를 비춰주는 거울이 되기도 한다. 예전에는 범죄 대상을 직접 찾아다니고 공격하는 형태를 보였다면 오늘날의 범죄, 특히 가스라이팅이나 스토킹 같은 범죄는 상대방에게 심리적 압박을 가함으로써 피해자 스스로 파괴되도록 만드는 양상을 보이고 있다. 내가 하는 어떤 행위로 인해 상대방이 고통스러워하고 괴로워하는 모습을 보면서 엄청난 희열과 성취감을 얻는 것이다.

그런데 자신이 가하는 어떤 압박에도 상대방이 흔들리지 않는 모습을 보이면 가해자들은 당황한다. 그리고 자신의 의도가 먹히지 않는 그런 단절들이 반복적으로 이어지면 어느 순간 포기하게 된다. 그래서 피해를 입지 않기 위한 우선적인 방법이 가해자의 어떤 압박에도 반응을 보이지 않는 것이다. 물론 어려운 일이다. 어렵게 용기를 내 '제발 좀 그만하세요!'라고 분명하게 의사를 밝혀도 가해자는 그것을 일종의 반응으로 생각하기 때문이다. 수차례 반복되는 상황을 더 이상 참지 못한 피해자가 '그만하세요!'라고 말을 하면 가해자는 이것을 강한 거절이나 거부의 표현으로 이해하는 것이 아니라 자신의 행위에 드디어 반응하기 시작한다고 생각해버린다. 상대방의 태도와 행동을 자기중심적으로 왜곡시켜 받아들이는 것이다.

자기 자신이 이전에 비해 뭔가 자꾸 실수를 하는 것 같고, 죄책감이 들고, 주위 사람들한테 '나 이렇게 해도 돼?'라는 말을 자주하게 된다면 내가 지금 누군가에게 지배당하고 통제

받고 있다는 의구심을 가져봐야 한다. 반대로 주변의 누군가를 보면서 '저 사람 요새 성격이 조금 변한 것 같아. 안 그러던 사람이 요즘 많이 위축되어 보여'라는 생각이 들면 적극적으로 개입하거나 도움의 손길을 내밀어야 한다. 그런데도 우리 사회에는 여전히 이러한 인식과 관심이 간과되고 있어서 가령 스토킹 범죄 피해를 호소하는데도 '누가 좋다고 쫓아다니나봐'라는 식으로 치부해버리는 경우가 허다하다. 하지만 분명하게 말하지만 피해를 호소하는 그 사람은 지금 고통받고 있다.

이제는 범죄가 사람에게 직접적이고 물리적으로 고통을 가하기보다는 정신적으로 그리고 정서적으로 고통을 가하는 형태로 진화하고 있기 때문에 특히 주변 사람들의 관심이 매우 중요하다. 여전히 많은 사람들이 '나 먹고살기도 힘든데 남을 살필 여유가 어디 있냐'고 말한다. 하지만 우리가 살아가는 사회는 나 홀로 잘 먹고 잘살 수 있는 세상이 아니다. 사회 구성원들, 그리고 나의 주변 사람들과 함께하는 삶이 아니면 누구도 저 혼자 잘 살아갈 수 없다. 그런데도 주변인들과의 관계가 나와는 무관하다고 생각하는 개인화가 점차 심화되면서 사람들은 타인에 대한 사회적 관심보다는 내가 하고 싶은 것, 내가 원하는 것에 지나치리 만큼 집중한다. 이러한 변화들이 범죄를 점점 더 우리의 삶 가까이로 끌어들이는 하나의 원인이 되기도 한다.

사회가 발전해갈수록 물리적 범죄보다 정신적으로 피해를 가하는 범죄는 더 많이 일어날 것이다. 대표적인 것들이 디지털 성범죄다. 디지털 성범죄에는 동의 없이 상대방의 신체를 촬영해 이를 유포하고 저장하고 전시하는 행위뿐만 아니라 사이버 공간에서 타인의 성적 자율권과 인격권을 침해하는 모든 행위가 포함된다. 디지털 성범죄는 일종의 매우 '진화된 살인'이다. 사이코패스가 하는 온갖 행위를 다하면서 그런 행위를 통해 돈까지 챙기는 교묘하고 악랄한 범죄다.

여기서 더 중요한 것은 범죄를 저지르는 연령이 20대 중반이라는 점이다. 유영철, 강호순, 정남규 등과 같은 연쇄살인범들이 30대 중반에서 40대 초반에 이르러 초범을 저질렀다면, 지금은 20대에 이미 디지털 성범죄와 같은 범죄가 행해지면서 사회적으로 엄청난 문제를 일으키고 있다. 이러한 범죄에는 강력한 처벌도 중요하지만 그에 따른 양형 기준을 바

뛰어야 한다고 생각한다. 양형 기준은 법관의 자의적 판단에 따라 형량 차이가 지나치게 커지는 것을 막기 위해 범죄 유형별로 지켜야 할 형량 범위를 대법원이 정해둔 것을 말한다. 물론 양형 기준을 바꾸기 위해서는 법률 전문가들과 함께 사회적 논의가 이루어져야 할 것이다.

1960~80년대까지만 하더라도 우발적인 살인이 있을 수 있었다. 물론 지금도 있기는 하다. 하지만 오늘날 범죄자들이 단 한 건의 범죄만을 저질렀다고 해서 그것을 과연 우발적인 것으로 판단할 수 있을까 하는 의문이 든다. 특히 디지털 성범죄 피해자들은 그 고통에서 영원히 벗어나기 어렵다. 촬영된 영상이 복제되어 끝도 없이 재생산되다 보니 결국 수치심으로 인해 스스로 생을 마감하는 극한 상황으로까지 내몰리기 때문이다. 그럼에도 그 범죄의 폐해를 잘 모르는 사람들은 쉽게 피해자를 비난한다. 그러나 디지털 성범죄는 한 사람의 인생을 송두리째 빼앗고 영원히 헤어나올 수 없는 수렁으로 밀어 넣는 잔인무도한 범죄다. 이러한 끔찍한 범죄를 저지르는 연령이 점차 낮아지고 있다는 것이 사회적으로 매우 심각한 문제라는 것을 우리 모두 강하게 인식할 필요가 있다.

디지털 범죄 수법의
진화

오늘날 우리 사회가 직면한 또 하나의 범죄 유형이 '폰허브'와 같은 디지털 성범죄다. 폰허브는 '포르노 허브'라는 뜻의 세계 최대 포르노 사이트다. 우리나라에서는 2019년에 방송통신심의위원회에서 이 사이트에 대한 첩보를 입수하고 차단했다. 그러나 여전히 다양한 형태로 접속이 가능하다는 정보가 있다.

이들의 수법은 기본적으로 이렇게 흘러간다. 먼저 텔레그램 등 SNS에 사진이나 영상이 돌아다닌다면서 무차별적으로 개인에게 접근한다. 그런 다음 그 사람의 개인 정보와 신체 정보, 사진 등을 요구한다. 당황한 피해자는 순식간에 자기의 정보를 제공하게 된다. 내 얼굴이 합성된 딥페이크 영상이 돌아다니고 있는 것은 아닌지 등등 머릿속에 복잡한 생각들이 오가면서 그런 사실을 알고 나한테 직접 연락을 해준 상대방에게 뭐라도 해주어야 할 것 같은 고마운 마음을 갖는다. 범죄자들은 바로 그런 심리를 노리고 피해자의 여러 정보를 요구하고, 피해자들은 의심 없이 자신의 정보를 제공하게 된다. 그렇게 해서 피해자의 정보를 손에 넣은 가해자는 그것들을 이용해 역으로 피해자의 부모나 친구, 지인에게 알리겠다고 협박을 한다. 그러면 피해자들은 무엇이든 할 테니 그것만은 하지 말아달라고 사정하게 되고, 가해자는 그 조건으로 성착취물을 요구하거나 금품을 갈취하는 식으로 범죄를 저지른다.

혹시라도 자신이 이러한 범죄를 알고 있거나 피해를 입었을 경우, 또는 주변의 누군가가 그런 상황에 처해 있다면 주저 없이 디지털 성범죄 피해자 지원센터에 연락하기를 바란다. 24시간 상담과 신고가 가능하다. 디지털 성범죄나 보이스피싱 범죄는 순식간에 자신의 정보를 제공함으로써 벌어지는 일이다 보니 자신이 피해자임에도 불구하고 도리어 스스로를 자책하는 경우가 많다. 가해자들의 노림수가 바로 거기에 있다. 그런 이유로 피해를 당하고도 신고를 주저하거나 함구하리라는 것을 알고 피해자들의 삶과 영혼을 송두리째 파괴시키는 아주 교활한 수법의 범죄다. 그렇기 때문에 고민하지 말고 1분 1초라도 서둘러 신고함으로써 더 큰 범죄를 차단하고 착취물을 삭제할 수 있는 조치를 취해야 한다. 그리고 보다 더 중요한 것은 우리의 자녀들이 이런 범죄에 노출되지 않도록 하는 예방 교육이다.

그런데 성착취 범죄라는 것을 깨닫는 순간 신고를 해야 한다고 생각하면서도 수치심과 두려움 때문에 선뜻 그러지 못한다고 말하는 분들이 있다. 범죄자들은 바로 피해자들의 이러한 수치심과 두려움을 적극적으로 이용한다. 그렇기 때문에 무엇보다 피해자들을 바라보는 사회적 인식이 절대적으로 바뀌어야 한다. 자신을 비난하며 고통스러워하는 피해자를 상대로 쉽게 '괜찮습니다. 당신의 잘못이 아닙니다'라고 말할 수는 없다. 당사자가 겪는 고통은 결코 '뭘 그걸 가지고 그래. 네가 잘못한 것도 아니잖아'라고 말할 수 있는 정도가 아니다. 그들은 우리가 짐작하는 것보다 훨씬 더 극단적인 고통을 경험하고 있다.

그렇기에 이러한 악질적이고 잔혹한 성범죄에는 더더욱 강력한 처벌과 집행이 따라야 한다. 그리고 가석방이 가능한 무기징역 등의 처벌은 무의미하다고 생각한다. 무기징역이 선고되었을 경우 우리나라 기준으로 20년이 지나면 가석방 대상이 된다. 20년만 모범수로 살면 가석방 대상이 되어 다시 사회로 나와 범죄를 저지를 기회를 갖게 된다. 가석방의 기준 자체가 모호하고, 그 결정에 전문가가 개입하고 있는지조차 의문이 들 때가 많다.

일상을 파고드는
사이버 범죄

오늘날 범죄자들의 공격 형태가 물리적인 것에서 정서적 학대를 추구하는 쪽으로 바뀌어가고 있다는 것은 어떤 면에서 훨씬 더 위험하다. 물리적 공격은 어느 정도 예방이 가능하다. 예를 들어 강도 침입을 예방하기 위해서는 잠금 장치를 강화한다거나 보안 시스템을 갖추는 식으로 피해 요소를 줄일 수 있다. 하지만 사이버 범죄는 예방이 불가능하다. 오늘날에는 SNS 등의 방식을 통한 사이버상의 참여가 곧 사회적 참여가 되었기 때문이다. 이렇게 사이버상에서 무방비로 노출되어 있는 경우 누군가가 나를 공격하고 스토킹을 하는 등의 범죄 행위에 대해 대처하기도 어렵고 예방하기도 어려워서 막무가내로 당할 수밖에 없는 경우가 허다하다.

이렇게 범죄가 진화하고 있는데도 법이나 양형 기준은 여전히 예전 그대로 머물러 있다고 생각하는 사람들이 많다. 나 또한 같은 생각이다. 그런데 실제로는 지난 20~30년간 바뀐 법보다 지난 몇 년간 바뀐 법이 훨씬 많을 만큼 큰 변화를 보이고 있는 것도 사실이다. 그럼에도 많은 사람들이 변화를 느끼지 못하는 것은 법이 그보다 훨씬 앞서가는 사회 현상을 따라가지 못하고 있기 때문이다. '조두순법'이라고 해서 성폭력 법이 강화되기도 했는데 이것은 빠른 변화라고 할 수 있다. 하지만 미리 대처해서 법을 만들 수 없다는 한계는 항상 존재한다.

그렇다면 법을 개정하는 것도 중요하지만 양형 기준을 바꾸는 방안이 더 절실하지 않을까? 예를 들어 오래전부터 있어온 감경과 감형의 사유들을 사회 변화에 따라 일부 제거하는 방법도 발빠른 대처일 수 있다. 또한 우리가 가지고 있는 범죄에 대한 안일한 인식 자체도 바뀌어야 한다. 특정 범죄에 대해 강력한 처벌이 필요하다고 이야기하지만 그에 앞서 사회적 인식부터 바뀌어야 한다. 예를 들어 내가 누군가에게 의견을 제시하는 것과 비난하는 것을 동일시하는 경우가 많은데, 비난과 의견은 엄연히 다르다. 비난은 잘못된 것에 대한 질책이나 충고일 수 있지만 허위 비난을 만들어내는 것은 범죄다. 그런 비난을 자유롭게 나의 의견을 표시하는 것과 혼동하거나 착각해서는 안 된다.

그러기 위해서는 어릴 적부터 사회적으로 교육이 필요하고, 또 사회 변화에 발맞춰 인식의 변화도 이루어져야 한다. 예를 들어 수년 전부터 강도, 소매치기, 절도 등의 범죄 발생률이 수직으로 하강할 만큼 감소하고 있다. 그 이유 중의 하나는 요즘 사람들이 수중에 현금을 거의 가지고 있지 않기 때문이다. 반면 성범죄 발생률은 거의 수직으로 상승할 만큼 증가하고 있다. 우리 사회에 성범죄가 이렇게 갑자기 늘어난 이유 중 하나는 예전에는 성범죄로 분류되지 않았던 행위들이 오늘날에는 성범죄로 새롭게 정의되고 있기 때문이다. 예를 들어 예전에는 여성의 신체를 몰래 촬영해도 범죄로 여기지 않았다. 하지만 지금은 법적으로 처벌받아 마땅한 엄연한 범죄다. 성범죄에 대한 잘못된 인식이 바로잡히면서 사회가 성범죄를 새롭게 정의하게 되고, 그럼으로써 성범죄 발생률도 증가하게 된 것이다.

오늘날 사이버상에서 일어나는 문제들을 보면서 어떤 사람들은 "그 정도 가지고 너무 예민하게 반응하는 거 아니야?"라거나 "안 보면 되지. 볼 거 다 보면서 왜 그런 걸 자꾸 범죄로 정의하느냐?"라고 하면서 남의 일인 양 아무렇지 않게 이야기한다. 하지만 무방비 상태에서 날아든 돌멩이 하나로 누군가는 평생 씻지 못할 충격과 공포와 고통 속에 살아간다. 사실 디지털 성범죄가 일어나는 확률을 보면 절대 다수의 선량한 국민들은 그런 동영상이나 사진 등에 일말의 관심도 갖지 않는다. 그러나 분명한 것은 지금도 어디선가 일어나고 있는 그런 범죄로 인해 누군가가 피해를 당하고 있고, 아동들에게도 그 피해가 확산되고 있다는 사실이다. 그렇기 때문에 이러한 범죄를 남의 일로 가볍게 여길 게 아니라 강력하게 차단하는 것이 우리의 공동의 목표가 되어야 할 것이다.

그리고 이러한 범죄에 관여하는 사람들 스스로 '피해 당사자의 책임도 있지 않나?'라고 생각하는 인식부터 달라져야 한다. 피해자의 입장에서 생각해야 하는 게 당연한데도 '그건 뭐 본인이 극복해야지'라는 식의 생각을 가지고 있다면 그런 인식들이 결국 사회적 논의의 장애 요인으로 작용할 수밖에 없다. 디지털 성범죄, 불법 촬영 자체가 범죄임에도 불구하고 여전히 '자기 카메라로 자기가 찍는데 왜 자꾸 뭐라고 그래' 하는 생각을 가지고 있는 사람들이 존재하는 한 범죄를 대하는 사회적 인식이 바뀌기는 어렵다.

사회적 논의는 의견 표현이 자유롭고 또 성범죄에 대한 단호함이 있어야 하며 자유로움에 대한 자기 책임이 따르는 아주 기본적인 선이 지켜져야 한다. 그런데 이 선이 기존에 없던 것들이다 보니 아직 정의되지 않은 채 갑자기 세상에 툭 던져진 것처럼 디지털 범죄가 마구 허용되는 사회가 되어버렸다는 것이 문제다. 그렇기 때문에 무조건 범죄라고 정의하기보다는 그에 앞서 우리 사회가 허용 가능한 범위, 그리고 법률로 정해져 있지는 않지만 관습이나 문화로서 차단할 수 있는 성숙된 의식이 있어야 한다고 생각한다.

법이 존재해야만 질서가 회복되는 것은 아니다. 그 사회가 가지고 있는 힘은 문화나 관습에 의해 정의되는 경우가 훨씬 더 많다. 명확한 법률적 정의는 없지만 우리는 사회 질서 속에서 살아가면서 해서는 안 되는 행동들을 이미 알고 있다. 가령 친구들 간에도 범죄는 아니지만 어떤 행동은 해서는 안 된다는 것을 서로 알고 있다. 이것은 서로가 서로를 보호하기 위한 일종의 규칙이다. 이런 규칙들이 기존에는 사람들이 서로 대면하고 교류하면서 단단하게 다져졌는데, 많은 것들이 사이버상에서 이루어지면서 서로가 서로를 보호하는 새로운 규칙들이 채 만들어지기도 전에 범죄에 해당하는 일들이 벌어지고 있다. '그게 나와 무슨 상관이야?'라고 받아들이면서 그것이 범죄인지 아닌지에 대한 인식조차 제대로 하지 못하고 있는 것이다. 법은 사회 현상에 따라 얼마든지 변화되어야 한다. 즉각적으로 따라가지는 못하더라도 성숙된 사회 문화 속에서 관습이나 인식의 변화를 통해 법을 정교하게 다듬어 나갈 수는 있다.

'묻지마' 범죄의 특성이 누구라도 피해자가 될 수 있다는 이유 때문에 두려움이 양상되는 것처럼 사이버상에서도 이미 그런 조짐은 나타나고 있다. 그렇게 되면 특정한 사람이 아니더라도 누구든 피해를 당할 수 있다. SNS에서 개인정보가 노출되는 경우가 많은데, 사실 이 개인정보라고 하는 것이

말 그대로 개인의 신상보다는 내가 누구를 만나고 어디를 가고 무엇을 먹고 무엇을 사고 어떤 취미활동을 하고 어떤 친구와 어울리는지 등의 정보들이 훨씬 더 많다. 이것을 이용해 사실을 왜곡시키거나 심지어는 얼굴을 합성해 또 다른 피해를 만들거나 하는 식의 범죄로 무한 발전해가고 있다. 설령 나중에 그것이 범죄로 드러나 진실이 밝혀지더라도 한번 피해를 입은 경우 회복이 안 된다는 것이 더 심각한 문제다. 그 피해자가 나의 동생일 수도 있고, 나의 자식일 수도 있으며, 나의 조카, 나의 친구일 수도 있다고 생각해보라. 우리의 인식 변화에 따라 한 개인의 인생이 바뀔 수도 있다.

사이버 범죄자를 잡아라

연쇄살인범들의 대다수가 체포되었을 때 하는 말이 '억울하다'는 것이다. 잡히지 않고 계속해서 범죄를 저지를 수 있었는데 그러지 못해 억울하다는 이야기다. 이 말은 곧 자기가 실수를 해서 잡힌 것이지 그렇지 않았으면 더 많은 살인을 저지를 수 있었다는 일종의 자기 자신감의 표현이기도 하다.

프로파일러로 일을 시작한 초기에 범죄자들과의 면담을 통해 알게 된 것 중 하나가 그들은 자신의 범죄를 지속적으로 복기한다는 점이다. 수감 생활을 하면서 자신이 저지른 범행에 대해 죄책감을 느끼고 반성하는 것이 아니라 자신의 범행을 되짚어보면서 자신이 어떤 실수를 했고 또 무엇 때문에 그런 실수를 했는지, 그리고 자신이 왜 잡혔고 또 어떻게 하면 안 잡힐 수 있는지 등을 분석하고 연구한다. 한마디로 범죄의 진화를 꿈꾸는 것이다.

유영철은 연쇄살인범 정두영의 범행을 학습하면서 그가 족적을 남긴 실수 때문에 잡혔다는 것을 염두에 두었다. 체포되었을 당시 유영철은 정두영과 같은 실수를 하지 않기 위해 자기의 신발 밑창을 뜯어냈다고 자백했다. 그들은 자신이 실수만 하지 않았다면 얼마든지 살인을 지속할 수 있었다는 공통적인 생각을 가지고 있었다.

이런 사이코패스나 소시오패스적 성향의 사람들이 신종 디지털 범죄를 저지르는 경우는 거의 대부분이다. 얼마 전에 아동 성착취물을 다수 만들고 보관했던 사람이 체포되었는데 사이코패스적 성향이 아주 높다는 특징을 보였다. 그들은 범죄의 경계선을 교묘하게 오가면서 그 접점에서 상황을 모호하게 만드는 것으로부터 범행을 시작한다. '풋 인 더 도어 foot in the door'라고 해서 우리 식으로 표현하면 '문지방 넘어가기' 기법이 있다.

먼저 사소한 부탁을 통해 상대방으로 하여금 거절을 못하게 만든 다음 자신이 진짜 원하는 것을 요청함으로써 상대방이 좀 더 쉽게 승낙하도록 하는 방법이다. 열린 문 사이로 한 발 쓱 집어넣고 나면 상대방이 매몰차게 문을 닫지 못할 거라는 심리를 악용하는 것이다. 아주 자연스럽게 사회적 활동을 하는 것처럼 한 발 들여놓음으로써 자기가 상대방을 지배하는 상황을 만드는 것인데, 이런 수법이 디지털 성착취 범죄의 공통적인 특징이다.

그런 수법으로 피해자를 옥죄고, 수많은 사람들을 자신들이 만든 사이트에 가입하게 만들어 공범화시키고, 그리고 이를 통해 자신들은 돈을 벌어들인다. 이렇게 동시다발적으로 여러 가지 범죄들을 넘나들면서 교묘하게 사회를 통제하고 있다는 왜곡된 우월감과 자기 만족감을 느끼는 교묘하게 진화된 범죄다.

성범죄에 대한 사회적 인식과 정의가 달라지면서 발생률이 증가한 것처럼 동물 학대나 아동 학대도 점차 증가하고 있다고 봐야 할까? 이 문제는 좀 더 본질적인 접근이 필요하다. 아동 학대나 동물 학대의 동기가 사람들의 반응을 보기 위한 행위인지, 자기의 감정을 표출하기 위한 행위인지를 따져볼 필요가 있다. 그런데 오늘날 이 부분이 조금 모호해진 특징이 있다. 예전에는 그런 학대 행위가 자기 만족감을 추구하기 위해 자신의 감정을 마구 표출하는 것이 전부였다면, 이제는 그 행위를 사이버상에 드러냄으로써 사람들을 충격과 공포에 떨게 만드는 것으로 바뀌었다. 그것이 자기 만족감을 훨씬 더 증폭시켜주기 때문이다.

이러한 유형의 범죄자들에게는 반응 자체가 중요한 것이지, 그것이 긍정적인 반응인지 부정적인 반응인지는 중요하지 않다. 반응 자체를 내가 무언가를 해냈다는 자기효능감을 높이는 이상심리로 접근하기 때문이다. 자기효능감은 내가 무언가를 해낼 수 있다는 자신감으로 자존감과는 구분된다.

범죄자들에게는 내가 한 어떤 행위로 인해 수많은 사람들이 들끓고 있다는 반응 자체가 중요하다. 디지털 관련 범죄자들을 무조건 일반화할 수는 없지만 유형별로 보면 이전까지 없던 범죄자의 유형이 등장하고 있는 것만은 분명하다.

그렇다면 자신들의 행위에 대해 사람들이 이렇다 할 관심이나 반응을 보이지 않는다면 그들은 범죄 행위를 멈추게 될까? 안타깝지만 기존에 없던 유형의 범죄일수록 그 패턴을 예측하고 일반화하기는 어렵다. 몇 가지 케이스를 토대로 살펴보면 사람들의 반응은 일단 자기 만족감을 증폭시키느냐 아니냐의 역할을 하는 것뿐이지 범죄 자체를 멈추게 하지는 않는다고 생각한다.

가스라이팅이나 SNS상의 집단 테러 등은 상대방이 이렇다 할 반응을 보이지 않을 경우 그 대상이 바뀌기도 한다. 하지만 디지털 성착취 범죄의 경우는 자기 만족감을 추구하는 방향이 그와는 다르다. 이들은 특정 대상을 공격하고 괴롭히는 것으로 만족하지 않는다. 거기서 한발 더 나아가 그런 행위를 통해 자신이 사회를 지배하고 있다는 강한 통제력을 갖는 것에서 더 큰 자기 만족감을 갖는다. 디지털 성착취 범죄

는 이것이 어마어마한 규모로 무한 확대될 수 있다는 점에서
도 더 큰 심각성을 갖는다.

사이버 범죄가 이렇게 다양해지고 극악무도해지면서 사이
버 수사도 단기간에 많은 변화와 발전을 이루어왔다. 또한 최
근 들어 여러 법적인 변화도 이루어지고 있다. 22년 만에 스
토킹 법안이 통과되어 2021년 10월 21일부터 '스토킹 범죄
의 처벌 등에 관한 법률'이 시행되었다. 스토킹 범죄의 처벌
과 그 절차에 관한 특례, 그리고 스토킹 범죄 피해자에 대한
보호 절차가 새롭게 규정된 것이다. 뿐만 아니라 2021년 9월
24일부터 '아동·청소년의 성 보호에 관한 법률'이 시행되어
아동과 청소년을 대상으로 하는 디지털 성범죄에 대해 이제
는 경찰이 신분을 비공개하거나 위장 수사를 하는 것이 가능
해졌다.

위장 수사는 범죄 분야에 따라 그 역할의 중요성이 매우
크며, 함정 수사와는 그 개념이 완전히 다르다. 함정 수사는
범죄 의도가 없어도 범죄를 저지르도록 함정을 파는 것이고,
위장 수사는 범죄가 일어나고 있는 현장에 직접 위장해 들어
가 증거를 채택하는 방식이다. 지금까지는 유일하게 위장 수

사가 인정되는 분야가 마약 범죄뿐이었으나 이제는 디지털 성범죄도 위장 수사가 가능하도록 추가된 것이다. 수사관들이 범죄를 추적하고 수사하고, 또 이를 예방하기 위해서는 범죄 현장의 문화와 메커니즘을 정확히 파악해야 할 필요성이 절실하기 때문이다. 특히 아동 성착취 범죄와 관련해서는 절대적으로 아동을 보호해야 한다는 관점에서 더더욱 중요하고 필요한 수사 기법이다.

빅데이터와 AI, 프로파일링의 미래

혼란의 시대, 범죄 대처법도 바뀌어야 한다

—

혼란의 시대에 야기되는 불안과 두려움은
무기력과 좌절감으로 이어져 공격성으로 표출된다.
사회적으로 범죄 환경을 최소화하는 것 못지않게 중요한 것이
내 마음의 범죄 환경을 단속하는 것이다.

나와 너를 보호하는
안전장치

첨단 기술의
융합과 시너지

이번 강에서는 빅데이터와 AI(인공지능), 프로파일링에 대한
이야기를 해보고자 한다. 물론 나는 빅데이터나 AI 분야의
전문가는 아니다. 프로파일링을 하기 위해 필요한 여러 가지
정보들을 공부하면서 관심을 갖기 시작했는데 시대의 변화
에 따라 그 중요성이 매우 커지고 있다.

　사실 2017년에 퇴직하기까지 현장에서 참 많이 힘든 시간
을 보냈다. 전국에 있는 지방 경찰청마다 프로파일러들이 있

는데도 사건이 발생하면 우선적으로 나를 보냈다. 물론 내가 해야 할 역할이 있고, 그것이 나의 일이니 당연히 가기는 했지만 슬슬 지쳐가기 시작했다. 그래서 한번은 지방청마다 프로파일러가 있고 그들도 모두 훌륭한 인재들인데 왜 자꾸 나만 보내느냐고 따져 물은 적이 있다. 그랬더니 한 지휘관이 이렇게 대답했다. "네가 가면 빠르잖아." 이 짧은 한마디 대답에 나도 가스라이팅을 당하고 있는 거냐고 농담 아닌 농담을 하기도 했다.

오해의 소지가 있을 것 같아 밝혀두자면 여기서 '빠르다'는 표현은 나의 능력이 매우 뛰어나다는 의미가 아니다. 내 능력의 비밀 하나를 고백하자면, 사실 나는 묻어가기를 잘하는 사람이다.

사건을 분석하기 위해서는 여러 분야의 도움이 필요한데, 오랫동안 과학수사대와 프로파일러로 일한 덕에 나는 어떤 분야에 어느 부서가 있는지, 그리고 누가 전문가인지를 잘 알고 있었다. 프로파일링과 관련한 심리학과 사회학의 다양한 연구 분야를 지속적으로 찾아다닌 덕분이다. DNA 학회, 혈흔의 형태를 분석하는 학회와 세미나 등에 참석하면 프로파일러가 왜 DNA 학회에 오느냐는 질문을 받기도 했다. 그 이유는 누구든 자기의 분야에만 집중하면 도태될 수밖에 없다고 생각했기 때문이다.

지금도 그렇지만 미래에는 더더욱 그럴 것이다. 자신의 업무를 수행할 때 그와 관련된 다른 분야와 어떻게 협업을 해나가야 할지 고민하고 적극적으로 실행해나가지 않으면 결국 우물 안 개구리처럼 스스로를 좁은 세상에 가두게 되어 시도할 수 있는 것이 점점 줄어들 수밖에 없다.

그래서 검시 세미나, 부검을 하는 법의학 세미나, 법과학 세미나, 영상 분석 세미나 등을 찾아다니며 공부를 하다 보니 각 분야에서 어떤 연구가 어떻게 이루어지고 있고, 그 분야의 최고 전문가는 누구인지 등을 조금 상세하게 알게 되었다. 그런 다양한 경험과 정보를 가지고 사건에 투입되면 각각의 사건에 따라 도움이 필요한 전문가를 발 빠르게 섭외할 수 있다.

예를 들어 오랫동안 부패한 시신을 검시한 경험이 많은 검시관이나 혈흔의 형태를 예리하게 분석하는 전문가들을 모셔와 협업을 통해 사건을 분석하고 진행하면 수사의 속도가 당연히 빨라질 수밖에 없다. 유독 나를 우선으로 투입시킨 것도 그런 이유에서이지, 결코 프로파일러로서의 나의 능력이 비할 바 없이 탁월해서는 아니다.

오랜 경험과 관록의 그 어떤 형사나 그 어떤 과학수사대 요원도, 그리고 그 어떤 프로파일러라 해도 저 혼자 능력을 발휘해 사건을 해결할 수 있는 사람은 없다. 아무것도 보이지 않는 안개 속에서 사건의 실마리를 풀어내고 수사의 방향을 가늠하기 위해서는 여러 분야의 전문가들과 협업이 이루어져야 한다.

퇴직을 한 뒤 범죄심리와 관련한 내용의 강연을 많이 하고 있는데, 꼭 이 분야와 관련 있는 분들만이 나의 강연에 참석하는 것은 아니다. 학생이나 어머님들은 물론이고 애니메이션, 웹툰, 게임 분야에 종사하는 분들까지 각계각층의 다양한 위치와 직업에 종사하는 사람들이 범죄심리 강연에 참석한다. 그만큼 서로가 서로의 전문성을 필요로 하는 시대가 되었다는 의미다. 우리 사회에 존재하는 다양한 분야가 서로 융합했을 때 나타나는 시너지는 우리가 상상하는 것 이상의 결과물을 만들어낸다.

내가 전문가가 아님에도 불구하고 빅데이터나 AI 분야에 대해 설명하려는 이유 또한 우리가 우리를 보호하기 위해서는 이러한 분야와의 융합을 통해 새로운 예방법과 대처법을 창출해낼 수 있기 때문이다.

AI와 인간의
프로파일링 대결

빅데이터는 지금 우리의 일상 깊숙이 들어와 있다. 하지만 빅데이터만으로 모든 범죄를 완벽하게 예방할 수는 없다. 빅데이터는 거의 대부분이 정상적인 사람들의 데이터이기 때문이다.

정상적이지 않은 범죄자들, 케이스가 제 각각인 수많은 유형의 범죄 데이터는 산발적이다. 물론 그룹별로 유형화할 수는 있지만 결코 쉽지 않은 일이다. 그래서 더욱 필요한 것이 융합이다. 빅데이터 전문가들과의 융합을 통해 범죄자들의 자료에 어떻게 접근하고 분류하고 데이터화할 것인지 등등 그 방법을 찾아가야 한다.

작년에 한 방송사에서 AI와 인간과의 대결을 콘셉트로 한 프로그램을 만든 적이 있다. 그 프로그램에 나도 출연을 했는데, 다섯 명의 일반인들을 랜덤으로 선발해 그중에서 범인을 찾아내는 AI와 대결을 펼치는 것이다. 일반인들 중에는 군 시절 작전을 수행한 경험이 있거나 하는 분들도 포함되어 있었다.

선발된 다섯 명에게는 '폭탄이 든 가방을 공항까지 신고 가라'는 지시가 떨어졌는데, 다섯 명 중 한 명의 가방에만 진짜 폭탄이 들어 있고 나머지는 아니었다. 지시를 받은 사람들은 각자 차에 가방을 신고 공항으로 향했다. 공항에 도착하기까지는 여러 번의 검문을 통과해야 하는데 다섯 명 중 한 명의 범인은 그 순간 긴장할 수밖에 없다. 그때 차 안에 미리 설치해둔 AI가 범인의 얼굴 표정을 분석하기 시작한다.

그리고 나한테는 다른 미션이 주어졌다. 공항에 도착한 다섯 명의 차에 각각 함께 탄 뒤 5분 동안 공항을 돌면서 프로파일링을 통해 범인을 찾아내는 미션이다. 처음 이 프로그램의 출연을 제의받았을 때 사실 고민이 많았었다. 범인을 찾아내면 다행이지만 그렇지 못하면 오랜 경력의 프로파일러로서 꽤나 민망할 수도 있고, 게다가 내가 못 찾은 범인을 AI가 찾아낸다면 결국 인간과 AI와의 대결에서 인간이 패배했다는 씁쓸한 결과를 받아들여야 하는 것인가 하는 복잡한 생각이 들었기 때문이다.

결국 이 대결은 무승부로 끝이 났다. AI는 표정만 읽고 범인을 지목했고, 나는 프로파일링을 통해 범인을 찾아냈다. 나의 경우 운전자의 옆자리에 앉아 5분 동안 대화를 이어가는 형식이어서 범인의 얼굴 표정을 분석하기는 힘들었고, 그 대신 몇 가지 선정한 질문을 하고 그에 대한 범인의 진술을 분석해 용의자를 찾아냈다. 그런데 표정만 읽고 위험한 징후를 감지해 범인을 찾아낸 AI의 능력에 꽤나 놀랐던 게 사실이다. AI 기술이 그렇게까지 발전해 있다는 사실이 믿기지 않을 정도였다.

물론 AI를 활용하는 데에는 아직까지 한계가 있다. AI가 특정 인물을 지목했다 하더라도 이후의 수사 과정에는 여전히 인간이 직접 개입할 수밖에 없다. AI가 범인을 지목했다고 해서 당연히 그것으로 수사를 종결할 수 있는 것은 아니다. 여러 가지 정황을 수사해 단서와 증거들을 찾아내는 것은 여전히 인간의 몫이다.

그렇더라도 AI 기술이 나날이 놀라운 속도로 발전하고 있는 것은 부인할 수 없는 사실이다. 그리고 우리는 이러한 첨단 기술을 우리의 삶과 특히 범죄를 예방하는 데에 유익하게 사용할 수 있어야 한다.

불안이 영혼을 잠식할 때

오늘날 우리가 처한 사회적 상황에서의 불안은 불안으로 그치지 않고 우울이나 또 다른 부정적 감정으로 발전해 타인이나 또는 자기 자신을 향한 공격성으로 이어지기도 한다. 여러분은 여러 가지 감정 중 어떤 감정을 가장 부정적으로 생각하는가?

많은 사람들이 부정적으로 생각하는 대표적 감정은 불안과 두려움이다. 학자들의 연구 결과 역시 인간이 가장 부정적으로 받아들이고 최대한 느끼고 싶어 하지 않는 감정 중 하나가 불확실에 대한 두려움이라고 말한다. 나는 지금 제대로 살고 있는 걸까? 이렇게 열심히 산다고 해서 성공이 보장될까? 이러한 불확실함에 대한 두려움은 우리 스스로를 피폐하게 만든다.

나 역시 50대 중반의 나이로 퇴직을 결심하면서 많은 두려움이 있었다. 퇴직을 하면 정말 이전과는 다른 삶을 살고 싶었다. 학교에서 강의도 하고 글도 쓰고 운동도 하고 여가도 즐기면서 나의 건강도 회복하고, 가족과도 좀 더 많은 시간을 갖고 싶었다. '그런데 아직 한창 일할 나이인데… 아이들 학비도 대야 하고, 결혼도 시켜야 하는데 벌써 퇴직을 하면 어떻게 해야 하지?' 하는 고민이 떠나지 않았다.

두려움을 떨치고 오랜 고민 끝에 퇴직을 하고 나니 전에 비해 집에 머무는 시간이 정말 많아졌다. 그런데 막상 가족들과 함께 식탁에 앉아 식사를 하면 무슨 말을 해야 할지 서먹했고, 딱히 할 이야기가 떠오르지 않았다. "오늘 학교에서 뭐 했니?"라고 물으면 "공부했죠"라는 식의 짧은 대화가 전부였다. 그동안 함께한 시간이 없다 보니 공통된 과거가 있을 리

없고, 당연히 깊이 있게 나눌 대화도 없을 수밖에. 그 순간 또다시 두려움이 찾아왔다. 그 상황을 어떻게 극복해야 할지 막막했다.

나는 점차 가족과 함께 공유할 수 있는 것들을 만들어가기 시작했다. "오늘은 우리 시장에 가서 구경도 하고 떡볶이도 사먹을까?", "오늘은 비도 오는데 아빠랑 같이 너 좋아하는 예쁜 카페에 가서 커피 마실까?" 그렇게 소소한 에피소드를 만들어가면서 한 달이 지나고, 두 달이 지나자 차츰 함께 공유할 수 있는 것들이 쌓이기 시작했다. "너는 지난번에 갔던 떡볶이 집이랑 어제 갔던 떡볶이 집이랑 어디가 더 맛있니?" 이렇게 공통된 화제 거리도 생기고, "지난번에 갔던 그 빵집 맛있던데 우리 내일 또 갈까?" 하며 무언가 함께할 수 있는 일들도 생겨났다. 오히려 지금은 너무 말이 많아져서 가족들로부터 수다쟁이라고 외면당하지 않을까 걱정이 들 정도다.

무언가를 극복해나간다는 것은 어떤 큰 계기가 있어야만 가능한 것도 아니고, 한순간에 짠! 하고 바뀔 수 있는 것도 아니다. 일상 속에서 실천하는 작은 변화들이 쌓이고 쌓여 서서히 우리를 두려움과 불안에서 벗어나게 해준다.

포모증후군,
소외되는 것에 대한 불안과 두려움

지금 우리 사회에 만연해 있는 증상 중 하나는 포모증후군이다. 포모FOMO, fear of missing out는 자신만 뒤처지고 소외되는 것에 대한 불안과 두려움을 말한다. 개인의 심리적 문제를 넘어 이제는 사회적 고립에 대한 불안으로 확산되고 있다. 사회적 관계를 형성하는 네트워크에 동참하지 못하거나 나만 좋은 기회를 놓친 것이 아닌가 하는 불안감이 사회 전반에 짙게 깔려 있고 그 수도 점점 증가하고 있는 추세다.

오늘날의 젊은 세대들은 정상적인 과정을 밟아 직장생활을 하고, 가족관계를 형성하고, 돈을 모으고, 집을 사고, 은퇴를 하고… 예전에는 가능했던 이러한 삶이 이제는 무너져버렸다고 생각한다. 자신들은 절대 그렇게 살 수 없다고 말한다. 기회를 박탈당했다고, 기회의 사다리가 부러져버렸다고 생각한다. 그들에게서 젊음의 낭만 따윈 이미 사라져버린 지 오래고, 그들은 지금 좌절과 불안으로 인한 엄청난 심리적 고통을 겪고 있다.

안타까운 마음에 해줄 수 있는 게 무엇인지 늘 고민하게 된다. 묻지마 범죄, 무동기 범죄가 많아지는 것도 아무것도 할 수 없다는 좌절감과 무력감이 사회와의 유대관계를 단절하게 만듦으로써 더욱 심화되는 것이 아닌가 하는 우려도 생긴다. 그러나 그럼에도 불구하고 우리는 서로가 서로를 위로하고 지켜주면서 오늘을 살아가고 있다.

경제적 불균형과 양극화를 통한 상대적 박탈감이나 사회적 배제감이 주식, 코인 등 불안한 사회적 현상과 맞물려 극복할 수 없다는 무력감으로 변화했다. 지금 나만 여기에 머물러 있는 것은 아닐까? 나만 지금 어떤 정보를 공유하지 못하고 있는 것은 아닐까? 나만 소외되고 있는 것은 아닐까? 이러한 불안은 공포심과 두려움을 양산하고, 점차 심화되어 무력감으로 변화한다. 그리고 그 무력감은 끝내 분노로 바뀌는 결과를 초래한다.

많은 현대인들의 마음 안에 무언지 모를 화가 가득 들어차 있는 것도 그 때문이다. 나와 직접적으로 상관 있는 일이 아닌 것처럼 보이는데도 그냥 화가 난다. 정치인들이 다투는 모습을 보면서도 화가 나고, 연예인들의 화려한 삶을 보면서도 화가 나고, SNS에 올라오는 잘나가는 사람들의 사진을 보면서도 화가 치민다.

그 화의 근원을 찾아가다 보면 외부 혹은 타인으로부터가 아니라 나 스스로 느끼는 불안과 두려움에서 비롯되는 경우가 많다. 물론 사회적 환경으로 인해 나의 불안과 두려움이 형성되었을 경우가 많기는 하다. 하지만 분노의 원인을 찾아가는 과정을 통해 내가 가지고 있는 두려움을 극복할 수 있고, 그것이 곧 나를 지켜내는 힘이 된다. 두려움을 극복하지 못하고 그것에 굴복하게 되면 그 두려움은 분노라는 무시무시한 무기로 바뀌어 분명 어떤 대상을 공격하는 형태로 폭발할 것이다.

'포모'는 마케팅 전략에서 먼저 시작되었다. 특히 홈쇼핑을 한 번이라도 본 분들이라면 '매진 임박', '한정 수량' 등의 말을 많이 접했을 것이다. 그 말을 듣는 순간 필요하지 않은 물건이라도 빨리 사지 않으면 안 될 것 같은 심리가 작동한다. 모두가 다 샀는데 나만 못 산 거 아닌가 하는 불안감 때문이다. 그런 것처럼 현대인들은 빅데이터 시대에 나만 못 읽고 있는 정보는 없을까? 나도 빅데이터를 공부해야 하나? 미래에는 AI가 많은 것을 하게 된다는데, 그럼 내 일자리도 사라지는 것은 아닐까? 지금부터라도 AI가 만드는 직업에 동참해야 할까? 이러한 고민 속에서 불안을 느끼게 된다. 위에서도 말했듯이 나 역시 퇴직이라는 인생의 변곡점에서 그런 두려움을 이미 경험하고 또 극복했다.

자신의 분야에 중심이 서 있다면 빅데이터든 AI든 다른 분야에 대해서는 포괄적인 개념만 알고 있어도 그것을 자신의 분야에 어떻게 접목할 수 있는지에 대한 눈을 가질 수 있다. 그런데 시도해보지도 않고 나는 못할 것 같다거나 나한테는 그럴 능력이 없다거나 하는 자조적인 생각을 하면 스스로를 우물 안에 가두어 점점 더 소외시키는 격이 된다.

사람들은 왜
가짜 뉴스에 혹할까

요즘은 특히 젊은 세대일수록 많은 것들을 유튜브를 통해 접하고 느끼고 배운다. 유튜브상에서 화제가 되고 있는 사회적

이슈를 나만 모르고 있을 때 소외감을 느끼기도 한다. 그래서 쉼 없이 유튜브를 보면서 정보 공유에 동참한다.

그런데 문제는 가짜 뉴스와 허위 정보가 범람하고 있다는 사실이다. 이는 비단 우리나라만의 문제가 아니다. 전 세계의 많은 나라들이 공통으로 앓고 있는 문제점이다. 물론 유튜브에 올라와 있는 콘텐츠 중에는 흥미롭고, 우리의 정서에 도움이 되고, 다양한 정보와 전문적인 지식을 제공하는 아주 유익한 것들이 많다. 우리는 편안히 앉아서 혹은 누워서, 그리고 어느 장소에서든 손쉽고 편리하게 그 많은 정보들을 공유할 수 있다. 문제는 검증되거나 확인되지 않은 정보들이 넘쳐나고 있다는 사실이다. 알고리즘을 타고 전달되는 정보들을 흡수하면서 우리는 점점 더 확증편향적 사고를 하게 된다. 뿐만 아니라 딥페이크 기술로 내가 아닌 사람이 나의 얼굴을 하고 나의 의견과 상관없는 메시지와 주장을 펼치는 영상을 만들어 유출할 수도 있다.

그렇다면 그런 영상을 소비하는 입장에서는 그 사람이 전달하는 메시지들을 스스로 검증하고 확인하는 절차를 거쳐 제대로 된 정보인지를 인식한 뒤 받아들일까? 대부분의 사람들이 그렇지 않다고 봐야 한다. 그렇기 때문에 가짜 뉴스처럼 검증되지 않은 정보들이 위험하다고 하는 것이다. '말도 안 돼!'라고 하면서도 우리가 가짜 뉴스에 혹하는 것은 우리의 뇌가 이미 그것들을 받아들이고 있기 때문이다. 자신에게 익숙해져 있는 맥락에서 조금이라도 벗어난 정보가 들어오면 우리의 뇌는 신선한 자극을 받아 도파민이 마구 분출되는 것 같은 짜릿함을 경험한다. 이렇게 나의 뇌를 흥분하게 만드는 가짜 뉴스를 나만 알게 된 고급 정보라고 생각하고 사실을 확인하지 않게 된다.

예를 들어 누구보다 더 도덕적인 삶을 살아가야 할 공인이 음주운전을 했다면 당연히 지탄받아야 한다. 그런데 그 팩트에 확인되지 않은 가짜 정보를 몇 가지 덧붙이면 어떻게 될까? 우리의 뇌는 검증의 과정 없이 그것들까지 뭉뚱그려 한꺼번에 받아들이는 오류를 범하게 된다.

더 심각한 문제는 나중에 가짜 정보에 대한 사실 여부가 밝혀져도 사람들은 처음에 자신이 받아들였던 대로 믿으려고 하는 심리가 강하게 작용한다는 점이다. 그래서 가짜 정보가 무서운 것이다. 일종의 역화 현상으로 내가 믿고 있고

4강 빅데이터와 AI, 프로파일링의 미래

있는 것이 옳다고 생각하는 지나친 자기신뢰와 자기확신 때문이다. 그렇지 않고 자기신뢰와 확신이 모조리 부정되었을 때, 내가 알고 있던 고급 정보가 모두 허상이라는 것을 알게 되었을 때 느끼게 될 자신의 감정을 회피하는 일종의 심리적 방어기제가 작동하는 것이다.

혼란의 시대에 개인과 사회는
어떻게 연결되어야 하는가

범죄 상황에
내몰리는 아이들

우리 사회는 끊임없이 아이들한테 사회적 목표를 달성할 것을 요구한다. 그 사회적 목표라는 것이 대부분 '열심히 공부해서 좋은 대학에 들어가고, 좋은 직장에 취직하고, 좋은 사람 만나서 결혼하고, 성공적인 삶을 사는 것'이다. 그것은 말 그대로 사회적 목표 달성이지 개인의 꿈이 아니다. 그럼에도 우리는 아이들을 그 틀에 끼워 넣기 위해 끊임없이 많은 것들을 요구한다.

하지만 우리의 아이들은 이미 개인화된 시대에 살고 있고, 개인화의 성향은 점점 더 짙어지고 있다. 그렇기 때문에 무조건 사회적인 목표 달성을 요구할 것이 아니라 개인이 사회와 어떻게 연결될 것인가를 가르치고, 개인의 역할에 대한 논의를 밀도 있게 해나가야 한다.

전에 비해 개인의 특성과 성향을 발휘하고 활용할 수 있는 기회들이 아주 많아졌는데도 여전히 우리 사회는 아이들에게 획일적이고 구시대적인 요구를 하고 있다. '그런 거 다 부질없어! 뭐 먹고 살 건데? 엄마아빠가 살아봐서 잘 아는데, 네가 하고 싶은 걸 하는 것보다 사회적 목표를 이루고 사는 게 훨씬 더 안정적이고 편하게 살 수 있는 길이야.'

하지만 아이들은 이미 변했다. 기성세대가 접하지 못했던 수많은 정보들을 받아들이면서 아이들은 이미 개인화되어 있다. 심지어 미국의 한 학교에서는 같은 성향을 가진 아이들끼리 분류해 각각의 성향에 맞는 과목들을 더 중점적으로 공부하도록 커리큘럼을 짠다. 아직 실험적인 단계이긴 하지만 개개인의 성향을 어떻게 특화시킬 것인가에 초점을 맞춘 교육 시스템이다.

이러한 변화는 개인의 성향과 능력을 특화시킬 수 있는 시대의 도래를 의미한다. 기성세대와 이러한 변화들이 봉합선 없이 서로 완벽하게 융화할 수 있는지에 대해서는 아직 미지수다. 거대한 역사의 물결이 한순간에 바뀔 수는 없기 때문이다. 그러나 지난 5000년간 변해온 인류의 역사보다 지난 50년간 변해온 인류의 역사가 훨씬 빠르고 크다는 것 또한 우리는 잘 알고 있다. 그렇다면 나 자신부터 미래에 대한 두려움을 극복해야 하고, 아이들 또한 사회적 목표를 달성하기 위한 틀 안에 가둘 것이 아니라 그것을 대체할 수 있는 좀 더 다양한 방식을 고민해야 할 것이다.

그렇지 않으면 신자유주의가 발전해나가고 세계적으로 대공황이 불어 닥쳤을 때와 같은 상황이 재현되지 않으리라는 보장이 없다. 그때 정부는 '그대로 있어. 우리가 알아서 할 거야'라며 신자유주의를 양산했다. 이 신자유주의가 보이지 않는 손을 통해 정말 많은 경제 발전을 이룬 것은 사실이다. 하지만 그 이후 행동경제학으로 변화되기 불과 10년, 15년 전의 상황을 돌이켜본다면 경제 발전이라는 꽃그림 이면에 두드러지게 나타난 연쇄살인 범죄와 국가 간의 수많은 분쟁과 전쟁을 우리는 결코 부인할 수 없다.

영화로도 만들어지기까지 한 미국의 악명 높은 연쇄살인범들이 나타나기 시작한 것은 대부분 1970~80년대에 걸쳐서다. 신자유주의로 경제 발전이라는 달콤함을 맛보았지만 그 이면에는 그에 따른 수많은 대가를 치러야 했던 시기다. 무언가를 이루기 위해서는 일정 부분 희생과 대가가 따르는 것은 당연하다. 하지만 무엇이 문제인지는 분명하게 인지해야 하지 않겠는가.

급격하게 변화하는 사회 속에서 일방적으로 사회적 목표를 달성할 것을 강요당하는 아이들이 느끼는 불안과 두려움은 더욱 클 수밖에 없다. 좌절과 고통 속에서 무기력해진 아이들은 사회와 단절된 채 내재된 분노와 욕구를 범죄로 분출하기도 한다. 촉법소년 범죄가 늘어나고 있는 현상도 이와 별개의 문제는 아니다. 아마 기억하는 분들이 많을 텐데, 얼마 전에 한 할머니에게 담배를 사오라고 시키면서 폭행까지 하고, 또 웃으면서 그 영상을 찍어 유포한 사건이 있었다. 그들은 체포되는 과정에서 스스로 "나는 촉법소년이니까 괜찮아"라는 말을 서슴지 않았다. 이것이 현재 우리가 살고 있는 사회에서 벌어지고 있는 일이다.

많은 사람들이 이 사건에 분개했고, 아이들을 처벌해달라는 요청도 많았다. 하지만 이 아이들을 처벌할 수 있는 법은 없다. 말 그대로 법에 저촉되지 않는 촉법소년 제도에 해당하기 때문이다.

우리의 법은 시대의 변화를 따라가지 못하고 있다. 시대의 빠른 변화에 따라 법도 합리적으로 집행되어야 한다. 또한 사회로부터 격리되는 처벌만이 중요한 것이 아니라 다시 사회에 나왔을 때 그들이 한 사회의 구성원으로서 어떻게 살아갈 것인지에 초점이 맞춰줘야 한다고 생각한다.

최근에 전과 14범이 반복된 격리와 출소로 처벌을 받았음에도 불구하고 결국 또다시 사람을 살해하는 범죄를 저지르는 것을 보면 단순한 격리가 아니라 심리적 교화에 대한 강화가 더욱 절실하다. 성범죄자들 또한 전자발찌를 채우는 것으로는 근본적인 해결책이 될 수 없다. 물론 예방 효과가 전혀 없는 것은 아니다. 하지만 그 효과가 얼마나 지속 가능한가에 대해서는 회의적이다. 전자발찌 착용 기간이 정해져 있고, 일정 기간이 지나면 해제되기 때문이다.

자존감과
자아상의 확립

사회적 목표가 높다는 것은 자존감과 관련지어 살펴볼 수 있다. 자존감은 말 그대로 스스로 자기를 존중하는 마음이다. 스스로 품위를 유지하고 자신의 능력과 가치를 외부에 의해서가 아니라 스스로 평가하는 태도다. 자신에 대해 호의적으로 평가하는 사람들도 있지만 부정적으로 평가하는 사람들도 의외로 많다.

자존감의 정도에 따라 사회적 사건, 즉 외부의 자극에 영향을 받아 나의 생각이나 감정, 행동이 결정된다. 그런데 내가 느끼는 자아가 당위적 자아와 반드시 일치하지는 않는다. 실제 자신이라고 생각하는 자아self가 '나는 이런 사람이 되어야 해'라고 생각하는 당위적 자아ought selves에 미치지 못한다고 생각하면 불안이 야기되고, 그 불안은 목표를 이루기 위한 동기가 된다. 그래서 대개의 사람들은 이러한 불안감 때문에 목표를 이루기 위해 열심히 노력한다.

하지만 불안을 느끼는 그 상태에서 그냥 멈추는 사람들도 있다. 불안감을 해소하기 위해 노력하기보다 마치 진짜로 당위적 자아를 이룬 것처럼 가면을 쓴다. 쉽게 말해 당위적 자아가 마치 진짜 자기의 모습인 것처럼 포장하는 것이다. 예를 들어 학력을 위조하거나 실제는 그렇지 않은데 자기 집이 굉장히 부자인 것처럼 이야기하는 경우다. 어떤 경우에는 부모님이 주간에도 일을 하고, 그것으로도 모자라 야간에도 나가 일을 할 정도로 집안 형편이 어려운데도 사치를 일삼으면서 "나는 무슨 일을 저질러도 우리 부모가 변호사 선임해서 다 해결해줄 거야"라고 말하는 아이들도 있다. 당위적 자아라는 가면을 쓴 것이다.

그렇기 때문에 자존감이 높다, 낮다가 반드시 좋다, 나쁘다를 평가하는 기준이 될 수는 없다. 자존감은 사람에 따라 그리고 때에 따라 높을 수도 있고, 낮을 수도 있다. 우리는 사회적 비교를 통해 자신에 대해 알아간다. 흔한 예로 시험 점수를 비교하는 것은 자신의 학업 능력을 알아가는 것이다. 반사적 평가는 타인에 대한 자신의 평가를 관찰하면서 자신의 재능이나 성격 등을 알아가는 것이다. 아동들은 부모가 다른 부모들과 자신의 이야기를 나눌 때 자신의 재능이나 성향을 알아간다.

그런데 사람들은 대체적으로 사회적 비교를 통해 자신의 자존감을 높게 평가하는 경향이 있다. 그리고 상향적 또는 하향적 비교 전략에 매우 능숙한 사람들이 있다. 이러한 성향이 지나치면 다른 사람을 끌어내리면서까지 자기의 자존감을 높이려는 경우가 많다. 이러한 사람들은 자기 본위적 편향을 자주 나타내고, 자신의 성격적 특성과 성공의 중요성을 부풀리며, 통제감을 과장해 생각한다. 그리고 다양한 인지적 전략을 사용해 자신에 대해 좋게 생각하려고 노력한다.

이러한 경향은 강박적 심리 기제와 연결된다. 성격장애 중 강박장애의 핵심 요소는 바로 불안이다. 보통 '저 사람 강박장애야'라고 평가할 때 그 사람의 심리에는 불안 요소가 크게 작동하고 있다고 이해해야 한다. 손을 씻고 또 씻는 행위를 반복한다거나 반듯하게 줄을 맞춰 물건을 정리하면서 자신이 만들어놓은 틀에서 조금이라도 벗어나면 불안해하는 것이 바로 강박이다.

이러한 경향이 사회생활에서는 어떻게 나타날까? 이러한 유형의 사람들은 자기가 모든 것을 다해야만 직성이 풀린다.

그리고 자기보다 직급이 높은 사람에게는 '뭐 저렇게까지 할 필요 있어?' 하는 생각이 들만큼 미친 듯이 잘한다. 심지어 쉬는 날에 심부름을 시켜도 군말 없이 기꺼이 해낸다. 하지만 자기보다 직급이 낮은 사람에게는 정반대의 모습을 보인다. 무자비한 말도 함부로 하고, 정서적 폭력도 서슴지 않는다. 이러한 사람은 강박적 성향이 강한 사람이다. 어느 순간 자신이 인정받지 못하고 자신의 자리를 잃을지도 모른다는 두려움에 대한 강박이 있기 때문에 그렇게 행동하는 것이다. 그래서 오히려 강박장애에 시달리는 불쌍한 사람이라고 이해하면 함께 생활하는 데에 있어서 조금 숨통이 트일 수도 있다. 물론 그런 사람을 상대로 '맞아, 어쩔 수 없지' 하며 합리성을 부여해주자는 말이 아니다. 그와 같은 행동의 원인이 불안감에서 비롯된다는 것을 이해하자는 의미다.

반대로 자존감이 지나치게 낮은 사람들은 자존감의 수준과 관계없이 누구나 자기 자신에 대해 좋게 생각하고 싶어 한다. 여러 연구 결과를 종합해보면 자존감이 낮은 사람들은 긍정적 자기 평가를 추구하는 방식에 매우 신중하게 접근하는 경향이 높다. 대신에 이들은 원래 자존감을 보호하는 데에 더 많은 노력을 기울인다. 그래서 이들의 특징 중 하나는 상대방이 자신에게 부정적인 피드백을 했을 때 그에 대해 좀 더 잘 대처한다. 조금 부당한 대우를 받아도 '그런 대우를 받을 수도 있지'라고 자기를 인정해버린다. 반면 자존감이 지나치게 높은 사람은 자기가 대우받지 못하면 참지 못하고 상대방을 공격한다.

그래서 우리는 제대로 된 자아상을 확립해야 한다. 자아 개념은 타인의 시선에도 영향을 받는다. 예를 들어 타인들이 적당한 때 내 말에 웃어주면 스스로 유머 감각이 있다고 생각하기 쉽다. 그럼으로써 재치 있는 이야기를 할 때마다 자신이 재미있는 사람이라는 자아상이 강해질 수 있다. 그러다 보면 실제로 타인 앞에서 농담을 많이 하려는 동기가 생겨나기도 한다. 자아는 스스로에 대해 알고 있는 자신의 모습이다. 그래서 내가 나를 보는 방식대로 나를 보아주는 사람들과 함께 시간을 보낼 때가 많다. 남들이 나로부터 받는 인상을 관리함으로써 내가 나 스스로에게 받는 인상을 관리할 수 있게 된다.

자기제시는 중요하고 필요한 것들을 얻도록 도와주고 원

하는 자기 정체성을 형성하고 유지하도록 한다. 대외적 평판을 무엇보다 중요하게 느끼는 사람은, 자신의 상황이 갑자기 악화되면서 대외적으로 좋았던 평판이 점점 약화되면 긍정적 자아상에 상처를 입는다. 성공이 목표인 사람은 좋은 사회적 평판을 누리고 싶어 하고 지속적으로 그것을 유지하고 싶어 한다. 개인의 평판이 망가지고 무너지는 상황이 발생하면 더 이상 그 사람으로 살아가는 것이 어렵거나 싫어진다. 그래서 그 손상된 정체성을 버리고 평판이 좋은 다른 사람의 정체성을 이용하려 한다. 그 대표적인 예가 학력 위조나 권력가의 집안을 사칭하는 사기 등이다.

혼란한 시대의
범죄 대처법

혼란한 시대의 범죄 대처법으로는 우선 문단속을 잘해야 한다. 다시 말해 범죄 환경을 없애는 것이다. 셉테드CPTED, crime prevention through environmental design는 도시 환경을 설계해 범죄를 예방하는 기법이다. 범죄가 물리적 환경에 따라 더 자주 발생할 수 있다는 입장에서 만들어진 기법이다. 예를 들어 인적이 드문 공공장소에 CCTV를 설치한다거나 범죄자들이 쉽게 침입하는 구조의 집들을 새롭게 설계하고, 공원의 조명을 좀 더 밝게 설치하는 방법 등이 있다. 보다 구체적인 방법에 대해서는 프로파일러와 범죄학자, 범죄심리학자들이 머리를 맞대고 지속적으로 연구하고 있고, 이러한 변화는 우리나라뿐만 아니라 세계적으로도 진행되고 있다.

그런데 현대 사회에 두드러지게 나타나고 있는 범죄는 그 환경을 없애는 것도 당연히 중요하지만 그에 못지않게 중요한 것이 내 마음의 단속이다. 내 마음의 범죄 환경을 없애는 것도 현대 사회를 살아가는 우리에게는 반드시 필요하다. 불안과 두려움을 극복하려 노력하고, 항상 가짜 정보에 대한 검증과 확인 과정을 거치고, 사회 구성원에 대한 서로의 신뢰를 회복해야 한다. 그래서 열심히 노력하는 사람은 반드시 잘된다는 믿음을 지켜가는 것이 우리에게 더 필요한 가치이지 않을까 한다.

정서적 폭력이 점점 늘어나고 있는 현대 사회에서 개인적인 대비 외에 사회 제도적으로 어떤 변화가 필요할까? 우선 정서적 폭력에 대한 명확한 정의가 있어야 한다. 스토킹 범죄 법안이 20년 만에 통과되었다. 왜 그렇게 오랜 시간이 걸릴 수밖에 없었는지 지금도 잘 이해되지 않는다. 그동안 우리 사회에서 스토킹이라는 것이 어떻게 정의되어왔는지를 살펴보면 그 해답을 찾을 수도 있다. 하지만 안타깝게도 이렇다 할 정의가 없었다.

우리는 정서적 폭력이라고 하면 대개 아동을 학대한다거나 가스라이팅을 해서 고통스럽게 만든다거나, 학교 폭력과 왕따와 사이버불링을 통해 사람을 괴롭히는 것 등이라고 이해한다. 그런데 여기서 중요한 것은 어디까지가 장난에 해당하고 어디부터가 범죄에 해당하느냐 하는 것이다. 어느 정도면 문화에 흡수될 수 있는 장난 행위이고, 어느 정도를 넘어서면 범죄일까? 이러한 것에 대한 정의가 여전히 명확하지 않다는 게 문제다. 그래서 사회 제도적으로 필요한 변화는 범죄를 명확하게 정의함으로써 우리 스스로 범죄에 대해 정확하게 구분하고 인식할 수 있어야 한다.

각종 신종 범죄가 날로 늘어나고 있는 혼란의 시대에 우리의 아이들이 보다 더 안전하게 살아갈 수 있는 범죄 대처법은 없을까? 사실 범죄는 어느 순간 어떻게 나에게 닥칠지 모르는 일이기 때문에 각각의 범죄 유형에 따른 대처법을 마련하거나 어떤 지침을 규정하기가 쉬운 일은 아니다. 어떤 사건이 일어났을 때 그 사건의 피해자들 입장에서는 '아, 지금 내가 공격을 당하고 있는 상황이야. 그러니까 빨리 반격을 해야 돼'라는 생각을 할 수가 없다. 범죄의 대부분이 순간적으로 벌어지는 일이고, 더군다나 몹시 당황하고 긴장한 상태에서는 상황을 파악하는 것조차 어렵다.

미국에는 범죄 대처법에 대한 전문가 교육 시스템이 있다. 범죄 상황을 구성해 시뮬레이션을 해보는 것이다. 실제로 화재 사건 현장에서 피해자들의 이야기를 들어보면 그 긴박하고 당혹스러운 순간을 충분히 이해할 수 있다. 112에 전화를 걸어 신고를 해야 하는데 손에 휴대전화를 들고 계속해서 "112가 몇 번이야? 112가 몇 번이냐고?"를 외쳤다는 것이다. 이 이야기만으로도 사건 현장에서의 당혹스럽고 긴박한 상황을 충분히 짐작할 수 있다.

그렇기 때문에 집에서 가족들과 한두 번 시뮬레이션을 직접 해보는 것도 좋은 방법이다. 예를 들어 우리 집에 불이 났다고 가정해보자. 이때 '불이야!'라고 소리치면서 아들에게는 112에 신고를, 딸에게는 창문을 열고 도움 요청, 아내에게는 소화기를 들고 오라고 지시한다. 이렇게 두어 번 시뮬레이션을 해보는 것만으로도 놀랍게도 실제 상황에서 그 효과가 정말 나타난다. 실제로 불이 났을 때 시뮬레이션을 했던 것처럼 움직인다는 것이다. 오토파일럿autopilot, 즉 자동 조정 장치처럼 몸이 알아서 반응하는 것이다. 군대나 특수 작전을 수행하는 훈련에서 같은 상황을 반복적으로 훈련하는 이유도 그때문이다. 0.1초도 안심할 수 없는 위기의 현장에서는 상황을 파악하고 판단할 수 있는 인간의 지각이 전개되는 상황보다 훨씬 늦을 수 있다. 그렇기 때문에 몸이 기억한 대로 움직이는 것이 위급한 상황에 더 빨리 대처할 수 있는 방법이 되기도 한다.

우리가 오랫동안 운전을 해보면 머리가 아니라 몸이 반응하는 것을 느낄 때가 많다. 앞차의 미묘한 움직임에도 자동으로 발이 브레이크를 밟는 식으로 방어 운전 모드에 돌입한다. 그 짧은 순간에 머리로 생각하고 상황을 판단해 운전을 한다면 이미 앞차를 들이받을 수도 있다. 이것이 오토파일럿이다.
화재뿐만 아니라 아이들이 쉽게 노출될 수 있는 범죄 역시
몇 가지 유형을 설정해 시뮬레이션을 해보는 것도 범죄에 대
처하는 하나의 방법이 될 수 있다.

마음 단속,
내 안의 범죄 환경 없애기

가스라이팅과 그루밍의
전형적인 진행 수법

60대 여성으로 이루어진 피해자들이 사기 범죄를 당한 사건이 있었다. 그런데 그 여성들은 오히려 사기 행각을 벌인 가해자를 두둔하고, 또 다른 피해자를 관리하고 공격해 살해하고 자살까지 하는 끔찍한 범죄로 이어졌다. 그 이유는 무엇일까? 이러한 현상은 우리가 일상에서 긍정적인 자기제시를 통해 좋은 인상을 얻기 위해 하는 행동과 같다. 결국 범죄심리를 이해하는 것은 우리의 마음을 이해하는 것과 다르지 않다.

가스라이팅 가해자들이 그루밍을 시작할 때 어떤 방식으로 접근하는지 구체적으로 살펴보도록 하겠다.

첫 번째 단계는 환심 사기 전략으로 다른 사람들이 자신을 좋아하게 만들려는 시도다. 대표적으로 '호감 표현하기'와 '유사성 만들기', '매력적으로 꾸미기', '겸손한 모습'이 여기에 해당한다. 호감을 표현하는 방법은 대표적으로 칭찬하기가 있다. 실제로 종업원이 음식을 주문받은 뒤 손님에게 "현명한 선택이십니다"라고 건넨 한마디로 팁의 액수가 높아졌다고 한다. 또 상사가 없는 자리에서 상사를 칭찬하면 신뢰도가 더 높아진다는 연구 결과가 있다. 범죄자들은 바로 이러한 점을 노리고 이용한다.

환심 사기 전략의 또 하나인 유사성 만들기는 토론이나 대화 등을 할 때 상대방의 의견에 맞춰 자신의 의견을 조정해 표현하는 것이다. 예를 들어 정치적 성향이 다른 경우에도 상대방에게 맞춰 긍정적인 표현을 한다거나 음식이나 음악처럼 취미나 취향이 비슷하다는 것을 강조하는 식이다. 사람들은 자신과 비슷한 취향이나 성격의 사람을 좋아하는 경향이 높다. 우리나라 사람들이 처음 만난 상대방에게 으레 학교는 어디를 나왔는지, 고향이 어디인지, 취미는 무엇인지 등을 물어보는 이유도 유사성을 찾으면 짧은 시간에 빨리 친해질 수 있다는 것을 경험을 통해 알고 있기 때문에 그런 심리적 프로세스가 작동하는 것이다.

환심을 사는 또 다른 방법은 매력적으로 꾸미는 전략이다. 칭찬을 하고 유사성을 만든 뒤 자신을 매력적인 사람으로 치장하고 포장하기 시작한다. 사람들은 일반적으로 매력적인 외모를 가진 사람에게 더 많이 호감을 갖게 될 뿐 아니라 심지어 더 정직한 것으로 간주해버리는 경향이 강하다.

그리고 또 하나는 겸손한 모습을 보이는 전략이다. 보통 자신의 성공을 직접적으로 내세우지 않는 사람은 자랑하는 사람에 비해 더 큰 호감을 얻기 마련이다. 그래서 우리는 성공을 도와준 동료들에게 공을 돌리고 가끔은 자신의 약점을 슬쩍 드러내기도 한다. 하지만 지나친 겸손은 자존감이 낮거나 자기 통찰이 없는 사람으로 보일 수도 있기 때문에 적당한 선에서의 겸손이 관건이다.

그런데 여기서 한 가지 우리가 주의를 기울여야 하는 것이 있다. 우리는 누군가와 친해지기 위해 환심을 사려고 할 때도 있기 때문에 범죄자의 의도된 전략과 구분할 수 있어야 한다. 범죄자들은 환심 사기 전략을 통해 점차 피해자가 자기의 의도대로 움직이게 만드는 것이 목적이다. 이것이 일반적인 상황과의 차이점이다. 평범한 일상 속에서는 상호 간에 정도라는 것이 존재하기에 서로 그 선을 함부로 넘지 않는다. 그렇기 때문에 우리는 상대방에게 범죄를 저지르거나 파렴치한 행동을 하거나 비상식적인 요구를 하지 않는다. 범죄자의 의도된 전략과 목적과는 엄연히 다르다.

두 번째 단계는 '자기 홍보'와 '상징물 이용', '핑계 대기' 전략이다. '자기 홍보'는 대담하게 자신이 능력이 있다는 것을 알리기 위한 행동을 한다. 예를 들어 다른 사람에게서 편취한 수표를 보여준다거나 고급 스포츠카를 타고 나타나는 식이다. '상징물 이용하기'는 적절한 소품과 습관을 보여줌으로써 자신을 유능한 사람으로 인식하도록 하는 전략이다. 예를 들어 집 안에 대형 금고를 설치해놓는 식이다. '핑계 대기'는 다르게 이야기하면 방해물이 있다고 주장하는 것이다. 그렇게 하면 자신이 실패했을 때는 무능한 이미지가 만들어지지 않게 할 수 있고, 성공했을 때는 유능한 이미지를 만들어줄 수 있다. 가령 은행 업무 시간이 끝났다거나 누군가 약속을 지키지 않아 돈을 못 보냈다거나 연휴라서 며칠 더 기다려야 한다는 식의 핑계를 대는 것이다.

세 번째 단계는 영향력을 제시하는 전략으로 지위와 권력을 연상시키는 작용을 활용하는 것이다. 예를 들어 사찰 앞에서 만나기로 한다거나 은행 앞에서 만나기로 하는 식이다. 타인에게서 편취한 돈으로 선물을 하거나 관심을 보이고, 인맥을 과시하며, 지위와 권력을 암시하는 비언어적 표현을 한다. 다른 피해자를 이용해 자신이 이동할 때 운전 같은 의전 활동을 시키기도 한다.

사이비 종교에 빠지는 사람들의 심리

사이비 종교 집단에서 가장 먼저 사용하는 수법은 앞에서도 이미 설명했던 '문지방 넘어가기'이다. 학교를 그만두고 가족과 연락을 끊어라, 이제부터 집단으로 생활할 것이다, 사회 문제에 대한 토론회에 참석해달라, 주말에 개최하는 세미나에 참석해 의견을 제시해달라 등의 요구를 한다. 세미나, 토론회 등에 참석하면서 자연스럽게 정회원이 되고 나면 요구의 단계가 조금씩 높아진다.

사이비 종교에 빠지는 사람들의 심리를 살펴보면 사회적 영향력의 세 가지 주요 단계를 거친다. 실제 상황이나 상상 속에서 다른 사람들에게 받는 압력에 의해 일어나는 행동의 변화를 말한다. 사회적 영향력은 한 사람의 태도나 믿음, 행동을 성공적으로 바꿀 수 있다. 사회적 영향력의 세 가지 주요 범주는 동조, 순종, 복종 순으로 진행된다.

첫 번째 단계인 동조conformity는 말하자면 자발적인 의사를 뜻한다. 주변 사람들의 행동이나 반응에 맞게 자신의 행동을 바꾸는 과정이다. 어떤 모임에 참석할 때 그곳의 분위기에 맞춰 나의 복장을 결정하는 것도 동조의 한 예다. 이러한 심리는 명백한 사회적 압박이 없을 때도 얼마든지 일어날 수 있다. 그냥 '이 모임에 적절하지 않은 복장이네요'라는 말 한마디로도 충분하다.

심리학 실험 중에 아주 유명한 '선분 실험'이 있다. 사회심리학자 솔로몬 애쉬$^{Solomon\ Asch}$가 진행한 동조 실험 연구다. 애쉬는 하나의 선이 그려져 있는 카드를 보여준 뒤 각각 길이가 다른 세 개의 선분이 그려진 또 다른 카드를 실험 참가자들에게 보여주었다. 집단의 압력이 없는 통제 조건에서 95퍼센트 이상의 실험 참가자들이 만점을 받았다. 그리고 다른 조건에서는 참가자로 위장한 다섯 명의 연구자들에게 모두 틀린 답을 말하게 한 뒤 자신의 견해를 물었다. 그러자 75퍼센트 이상이 위장한 연구자 다섯 명의 내용과 일치하는 틀린 답을 말했다. 이들은 다섯 명의 확신에 찬 태도에 마음이 흔들렸다고 답했다. 나만 착각에 빠진 거라고 생각했다는 것이다. 결국 사람들은 강한 집단적 합의에 직면하면 틀린 의견이라고 생각하면서도 동조하는 경향이 높게 나타난다. 집단의 확신에 찬 태도는 자신의 감각을 의심하게 만들기 때문이다.

왜 이러한 현상이 나타나는 것일까? 이것을 지지하는 그다음 연구가 있었는데, 사람 대신 컴퓨터가 짧은 선을 길다고 지목하도록 했다. 그러자 앞선 실험과 다른 결과가 나왔다. 아주 많은 퍼센트의 사람들이 진짜 긴 쪽의 선을 지목하며 '이것이 더 길다'라고 대답했다. 컴퓨터가 아닌 다른 사람의 의견에 반대하게 되면 의견 불일치로 인한 갈등 상황이 야기되고 그로 인해 고통스러운 감정이 유발되기 때문에 다른 사람의 의견에 동조하려는 경향이 강하게 나타나지만, 컴퓨터를 상대로는 갈등을 야기할 일이 없기 때문에 자신의 의견을 있는 그대로 주장한 것이다. 사회적 압력, 집단의 압력이 한 개인에게 얼마나 큰 영향을 끼치는지를 극명하게 알 수 있는 연구 결과다.

로버트 치알디니의 『사회심리학』에서 스티븐 하산[Steven Hassan]은 "사이비 종교를 믿는 사람들은 함께 먹고, 함께 일하고, 여럿이 모여 회의를 하고, 한 방에서 잠을 잘 때가 많다. 개인주의는 지양되고 팀으로 배정받은 사람과 함께 다니거나 5~6명으로 된 팀에 들어가기도 한다"고 말한다. 이것이 사이비 종교 단체에서 정보의 차단과 집단의 압력을 경험하게 만드는 수법이다. 사람들은 이렇게 집단의 압력을 받으면 틀린 증거가 눈앞에 보이는 데도 집단의 의견에 동조하는 경향이 매우 높게 나타난다.

두 번째 단계는 순종[compliance]으로 직접적인 요구에 반응해 행동을 바꾸는 것을 말한다. 자발적 행동인 동조와는 다르다.

예를 들어 술을 마시러 가자는 친구, 매진이 임박했다고 말하는 홈쇼핑 쇼호스트, 자선단체의 메시지 등 명확한 주체가 있거나 엘리베이터에 붙어 있는 마스크를 착용하라는 안내문과 같은 요구에 순종하는 것이다.

세 번째 단계는 복종obedience으로 권위 있는 인물의 명령에 반응해 자신의 행동을 바꾸는 특수한 유형의 순종을 말한다. 예를 들어 야근을 지시하는 상사, 경찰의 도로 통제나 음주 단속 같이 명시적으로 영향력을 행사하는 것에 대한 순종이 여기에 해당한다.

미국의 사회심리학자 스탠리 밀그램Stanley Milgram은 권위에 대한 대표적인 연구인 복종 실험을 진행했다. 밀그램은 '징벌에 의한 학습 효과를 측정하는 실험'이라고 포장해 실험에 참여할 사람들을 모집하고 피실험자들을 교사와 학생으로 나누었다. 피험자들에게는 실험의 진짜 목적이 복종에 관한 것이라는 사실을 밝히지 않았다. 결과에 영향을 줄 수 있기 때문이다. 그리고 학생 역할을 담당하는 피실험자에게 가짜 전기 충격 장치를 달고, 교사에게는 가짜란 걸 모르게 하고 학생이 문제를 틀릴 때마다 전기 충격을 가하게 했다. 실험에 참여한 사람들에게는 15볼트에서 450볼트까지 전압을 올릴 수 있도록 허용했다.

밀그램은 실험 전에는 단 0.1퍼센트만이 450볼트까지 전압을 올릴 거라고 예상했으나, 실제 실험 결과는 무려 65퍼센트의 참가자들이 450볼트까지 전압을 올렸다. 이들은 상대가 죽을 수 있다는 것을 알고 있었고, 비명도 들었으나 권위 있는 연구자가 "모든 책임은 연구원이 지겠다"고 말하자 그의 말에 복종한 것이다. 이러한 실험 결과가 의미하는 것은 권위는 우리로 하여금 자신의 행동을 합리화하도록 한다는 것이다. 사이비 종교에 빠진 사람들이 자신들이 더없이 소중하게 여기는 권위 있는 교주의 지시에 따라 스스로 목숨을 끊는 행위조차 서슴치 않는 것도 이와 같은 맥락으로 이해할 수 있다.

그렇다면 애초에 복종을 하게 되는 이유는 어떤 목표를 달성하기 위해 시작되는 것일까? 그 목표는 옳은 선택, 사회적 승인 확보, 자아상 관리 세 가지로 집약된다. 자아상 관리는 곧 일관성을 유지하려는 심리다.

시카고의 한 식당에서 종업원에게 손님으로부터 예약을

받을 때 '계획이 바뀌면 연락주세요'라고 하는 대신에 '계획이 바뀌면 전화주시겠어요?'라고 묻고 대답을 기다리는 방법으로 응대를 하도록 지시했다. 그러자 예약을 하고 나타나지 않는 손님의 비율이 30퍼센트에서 10퍼센트로 확연히 줄어드는 결과가 나타났다.

개인적 개입은 개인의 정체성을 어떤 지위나 행동 방침과 연결 지어 계속 그 방향으로 행동할 가능성을 높이는 것이다. 대부분의 사람들은 일관성을 선호하며 약속에 따라 살아간다고 생각하는 강력한 욕구가 있다고 말한다. 별로 소중해보이지 않는 개입도 큰 행동 변화로 이어질 수 있다. 사람들은 이렇게 기존의 행동, 약속, 자아상을 일관성 있게 유지하려는 욕구가 있기 때문에 간단한 요구 전략에도 취약하다. 이 전략은 상대의 순종을 이끌어내기 위해 사용하는 수많은 전략 중 핵심이다. 처음에는 사소한 요구로 순종을 끌어낸 다음 원래 의도한 요구를 함으로써 순종의 단계를 높인다.

사이비 종교 피해의 가장 큰 원인은 소외에 대한 불안이다. 처음에는 호기심 때문에 스스로 동조하게 되는데, 그때부터 주변이 차단되기 시작한다. 정보를 차단하고 집단의 압력을 경험하게 함으로써 소외에 대한 불안감을 증폭시키는 것이 사이비 종교의 전형적인 수법이다.

예를 들어 분명히 노란색인데 집단에 있는 모든 사람들이 한결같이 파란색이라고 말하는 것이다. 그러면 이 집단의 압력에 의해 피해자 역시 노란색을 파란색이라고 하게 된다. 수많은 사람을 설득하고 이해시켜야 하는 부담을 갖기도 싫고 또 그럴 자신도 없기 때문에 사람들은 '그래, 파란색이 맞아'라고 동조해버리는 것이다. 이것이 사이비 종교에서 흔히 사용하는 집단의 압력이며, 그에 따른 동조다.

사이비 종교에 의한 범죄 사건이 발생하면 우리는 흔히 '뭐 그런 비상식적인 말도 안 되는 교리를 믿고 있어? 바보야?'라면서 쉽게 사이비 종교 피해자들을 향해 비난의 말을 던진다.

하지만 그들의 교묘한 수법과 덫에 걸리면 우리의 상식으로 이해할 수 없는 많은 일들이 실제로 일어난다. 어쩌면 그런 비난과 사회적 인식 때문에 더 많은 피해자들이 양산되고 있는지도 모른다.

지금도 어디에선가 나의 가족, 나의 친구, 나의 동료들이 그런 피해를 겪고 있을지도 모른다. 스스로의 의지로는 헤어나올 수 없는 상황에 갇혀 점점 더 큰 피해에 무방비로 노출될 수도 있다. 피해자들을 비난하기보다는 이해와 도움의 손길을 내어주어야만 그런 범죄로부터 우리 가족과 사회를 지켜내고 예방할 수 있다.

● 프로파일러 profiler

한국 경찰에서의 공식 명칭은 범죄행동분석관이다. 범죄 현장에 나타난 범죄자의 행동(범행 준비, 실행, 범행 도구, 증거 인멸 방법 등)을 분석해 범행의 동기와 목적을 밝히고 범죄자의 성격과 행동 유형 등을 분석한다. 또한 지리적 프로파일링을 통해 도주 경로나 은신처 등도 분석한다. 주로 증거가 불충분해 일반적인 수사 기법으로 해결하기 어려운 연쇄살인과 같은 특정 범죄 사건에 투입된다.

● 가스라이팅 gaslighting

타인의 심리나 상황을 교묘하게 조작해 그 사람 스스로 자신을 의심하게 만드는 것이다. 그럼으로써 타인에 대한 지배력을 강화하는 데에 그 목적이 있다. 1938년 작품 〈가스등〉이라는 연극에서 유래한 용어다.

● 그루밍 grooming

가해자가 피해자에게 호감을 얻거나 돈독한 관계를 만들어 심리적으로 지배하는 것을 말한다. 특히 아동을 상대로 한 그루밍 성범죄의 경우 친절을 베풀고 고민을 상담해주는 척하며 자기에게 의존하게 한 뒤 그 의존성을 더욱 견고하고 확고하게 만들어 성추행과 성폭행을 일삼는다.

● 사이버불링 cyberbullying

사이버 공간에서 이메일이나 휴대전화, SNS 등을 활용해 특정 대상을 집단적으로, 그리고 지속적이고 반복적으로 따돌리거나 집요하게 괴롭히는 행위다. 피해자의 정서를 황폐화시키고, 심하면 극단적 선택인 자살로 이어지는 등 심각한 역기능을 초래한다.

● 촉법소년 觸法少年

형벌 법령에 저촉되는 행위를 한 만 10세 이상부터 14세 미만의 소년을 말한다. 형사 책임 능력이 없기 때문에 범죄 행위를 했어도 처벌을 받지 않으며 대신 소년법에 의한 보호 처분을 받는다.

● 휴리스틱 heuristic

휴리스틱은 행동경제학에서 나온 이론 중 하나로 내가 생각하고 판단하는 것들에 영향을 주는 요인들을 말한다. 휴리스틱은 의사결정 과정을 단순화해 만든 지침으로, 완벽한 의사결정이 아니라 이용할 수 있는 정보를 활용해 실현 가능한 결정을 하려는 것이 목적이다. 일상을 살아가다 보면 수많은 변수들을 일일이 검토해 결정을 내리기가 어렵다. 그렇기 때문에 우리는 종종 '이 정도면 이렇게 결정해도 될 것 같아'라고 생각하게 된다.

● 확증편향 confirmation bias

자신의 가치관이나 신념, 판단에 부합하는 정보에만 주목하고 그 외의 정보는 무시하는 사고방식을 말한다.

● 역화 효과 backfire effect

내가 믿고 있는 신념에 반하는 증거를 알게 되었을 때 그 신념을 바꾸기보다는 신념을 더욱 강화하는 심리다. 이러한 심리는 사이비 종교나 보이스피싱 피해자들에게서 쉽게 찾아볼 수 있다.

● 귀인 이론 attribution theory

자신이나 타인의 행동과 대화의 원인을 찾아내 특정한 것으로 귀속시키는 과정을 말한다. 그럼으로써 사람이나 사물이 가지고 있는 고유한 지속성, 속성, 경향성을 추측하는 과정이다. 어떤 사건의 원인을 무엇으로 생각하는가에 따라 개인의 감정과 미래 수행 기대, 동기 등이 달라질 수 있다.

● 포모증후군 FOMO syndrome

흐름을 놓치거나 소외되는 것에 대한 불안 증상의 하나로 자신만 뒤처지고 소외되는 것에 대해 두려움을 갖는 일종의 고립 공포감이다. 개인의 심리적 문제를 넘어 사회적 고립에 대한 불안으로 확산되고 있다. 사회적 관계를 형성하는 네트워크에 동참하지 못하거나 나만 좋은 기회를 놓친 것이 아닌가 하는 불안감이 사회 전반에 짙게 깔려 있고, 그 수도 점점 증가하고 있는 추세다.

● 셉테드 CPTED, crime prevention through environmental design

도시 환경을 설계해 범죄를 예방하는 기법이다. 범죄가 물리적 환경에 따라 더 자주 발생할 수 있다는 입장에서 만들어진 기법이다. 적절한 건축 설계나 도시 계획을 통해 대상 지역의 방어적 공간 특성을 높여 범죄 발생 가능성을 줄이고, 지역 주민들의 안전감을 향상시키는 기법이다. 예를 들어 인적이 드문 공공장소에 CCTV를 설치한다거나 범죄자들이 쉽게 침입하는 구조의 집들을 새롭게 설계하고, 공원의 조명을 좀 더 밝게 설치하는 방법 등이 있다.

KI신서 10263
내가 살인자의 마음을 읽는 이유

1판 1쇄 발행 2022년 6월 8일
1판 5쇄 발행 2024년 7월 15일

지은이 권일용
펴낸이 김영곤
펴낸곳 (주)북이십일 21세기북스

인생명강팀장 윤서진 **인생명강팀** 최은아 황보주향 심세미 이수진 유현기
디자인 [★]규
마케팅2팀 나은경 정유진 백다희 이민재
출판영업팀 최명열 김다운 김도연 권채영
제작팀 이영민 권경민

출판등록 2000년 5월 6일 제406-2003-061호
주소 (10881) 경기도 파주시 회동길 201(문발동)
대표전화 031-955-2100 **팩스** 031-955-2151 **이메일** book21@book21.co.kr

(주)북이십일 경계를 허무는 콘텐츠 리더

21세기북스 채널에서 도서 정보와 다양한 영상자료, 이벤트를 만나세요!
페이스북 facebook.com/jiinpill21   포스트 post.naver.com/21c_editors
인스타그램 instagram.com/jiinpill21   홈페이지 www.book21.com
유튜브 youtube.com/book21pub
서울대 가지 않아도 들을 수 있는 명강의! 〈서가명강〉
'서가명강'에서는 〈서가명강〉과 〈인생명강〉을 함께 만날 수 있습니다.
유튜브, 네이버, 팟캐스트에서 '서가명강'을 검색해보세요!

ⓒ 권일용, 2022
ISBN 978-89-509-0191-2 04300
         978-89-509-9470-9 (세트)